SNS 천재가 된 홍대리

SNS 천재가 된 홍대리

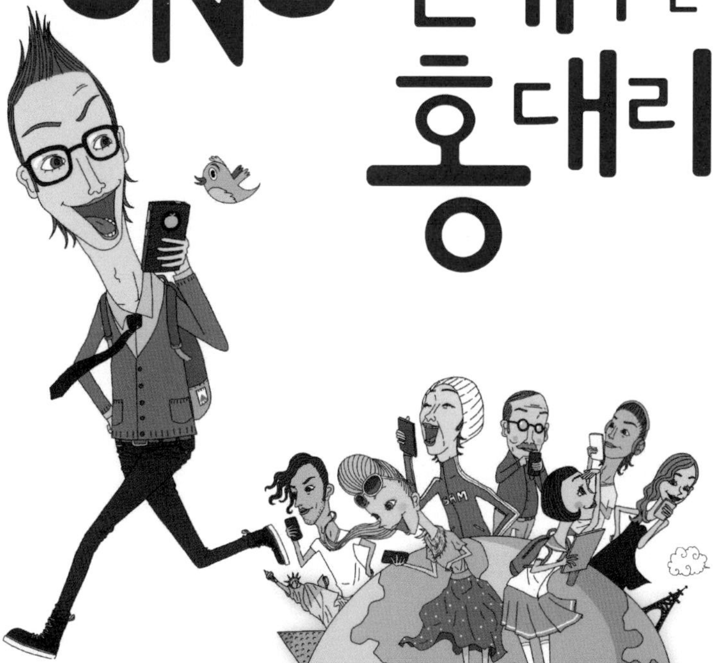

다산라이프

"블로그, 트위터, 이제는 페이스북까지, 정말 이거
모두 꼭 해야 하는 건가요?"
"SNS 글쓰기, 어떻게 하면 잘할 수 있죠?"

이제 막 SNS를 시작하려는 분들을 만났을 때, 강의할 때, 가장
많이 듣는 질문입니다.

SNS의 중요성은 각종 언론매체뿐 아니라 우리 주변 곳곳에서
언급되고 있습니다. 하지만 안타깝게도 중요성은 인지하고 있지
만 '아직은 내 일이 아닌 남의 일'로 혹은 '언젠가 꼭 필요할 때
시작해도 늦지 않을 것'이라고 생각하는 경우가 많습니다.

때론 '하고 싶기는 한데 막상 시작하려니 엄두가 안나서'인 경우도 있었고, 대략적인 개념은 알고 있지만 '제대로' 활용하는 방법을 몰라 개설만 해놓고 방치하게 되는 경우도 꽤 있었습니다.

SNS는 이제 도구가 아닌 우리의 일상생활이 되고 있습니다.

블로그 검색을 통해 맛집도 찾고 여행정보를 공유하며 트위터에 올라온 유명인 글이나 연예인 사진 등을 읽고 봅니다. 이제는 SNS를 '왜 해야 하는가?'에서 벗어나 '어떻게 잘 할 수 있는가?'로 질문을 바꿔 그 해답을 찾아야 할 때입니다.

SNS는 기존 홈페이지나 웹진과는 다릅니다. 소셜미디어 환경에 맞는 콘텐츠로 접근해야 하며, 꾸준한 운영관리가 되어야만 네티즌과의 관계관리를 지속할 수 있습니다.

기업 SNS는 개인과 달리 가이드라인 매뉴얼도 갖추어야 하고 체계적인 운영관리 방안도 잡아야 합니다. 게다가 '소셜미디어 환경'이라는 속성을 제대로 파악한 후 접근해야만 시행착오를 줄일 수 있습니다.

"누구나 말하는 '진정한 소통'이라는 것이 기업에 얼마나 중요한 것인지 그리고 그것이 수직적인 기업문화를 수평적 기업문화로까지 바꿀 수 있다는 것을 알았습니다."

"처음이 어렵지 한 번 블로그 글쓰기에 재미를 붙이니 이제 빠져나올 수가 없네요. 블로그나 트위터 글쓰기에 능숙해지니 제안서나 보고서도 예전보다 수월하게 작성할 수 있게 되었습니다."

실제로 여러 기업 및 기관에서 SNS 컨설팅 혹은 운영대행을 진행하면서 많은 분들께 듣게 된 이야기입니다.

이러한 이야기들 그리고 엉뚱상상에서 쌓아온 정보와 노하우들을 어떻게 하면 더 많은 분들과 쉽게 공유할 수 있을까 방법을 고민하던 차에 다산북스의 하미연 님으로부터 반가운 연락을 받았습니다. 기존 SNS 관련 서적들이 시스템 매뉴얼 형식이거나 혹은 마케팅 수단 중심으로 SNS를 소개하는 형식이었다면 『SNS 천재가 된 홍 대리』는 우리 시대 평범한 직장인의 표상이라 할 수 있는 홍 대리를 통해 쉽고 재미있게 SNS를 직접 활용할 수 있도록 전달하는 형식이어서 매우 매력적이었습니다.

『SNS 천재가 된 홍 대리』는 이론서가 아닌 실전서로, 그동안의 경험을 바탕으로 SNS를 접할 때 당면할 수 있는 의문이나 문제들의 해결책을 담고자 오랫동안 준비되었습니다. 기존 매뉴얼이나 이론서가 아니기에 재미있게 읽으면서 실전에서 바로 활용할 수 있는 핵심 노하우들이 담겨있습니다.

이 책이 나올 수 있도록 넘치는 에너지로 '관계'의 중요성을 다시 한 번 알게 해준 다산북스의 이정 님을 비롯한 다산북스 관계자 분들, 그리고 뛰어난 통찰력으로 '소통'의 중요성을 인지시켜주신 인현진 작가님께 진심으로 감사드립니다.

아울러 ㈜윤디자인연구소의 편석훈 대표님과 ㈜엉뚱상상의 정미아 대표님, 이 책의 정보 '공유'에 가장 큰 역할을 해준 언제나 믿음직한 우리 엉뚱상상 식구들(장재섭, 길현철, 윤성희, 권해진, 이은지, 김상혁, 이현우) 사랑합니다~.

등장 인물 소개

홍미루

상그릴라 호텔의 홍보팀 대리. SNS에 대해 무지한 탓에 회사, 집, 친구들 모임에서도 웃음거리가 되지만 소통이란 사람을 직접 만나 하는 것이라고만 생각한다.

회사에서 SNS 마케팅을 맡아 블로그, 트위터, 페이스북까지 자신의 영역을 확장하게 되자 소통과 공감에도 다양한 방법이 있다는 것을 알게 된다.

자신만의 좁은 세계에서 나와 새로운 세계를 받아들일 때 사람들과의 인연이 더욱 깊어진다는 것을 깨닫고 SNS를 통해 소통, 공유, 관계의 가치를 새롭게 배운다. 싹싹하고 우직한 면이 있지만 10살짜리 쌍둥이 조카와 수준이 같을 때도 있다.

장미아

윤디자인 계열사 (주)엉뚱상상 SNS 사업총괄이사.

블로그, 트위터, 페이스북 등 SNS 전반에 걸친 해박한 지식과 부드러운 카리스마로 SNS에 문외한이던 홍 대리의 눈을 뜨게 하고 상그릴라 호텔이 SNS 마케팅을 성공적으로 자리 잡게 하는 데 결정적 역할을 한다.

SNS는 기업의 일방적인 홍보만을 위해 이용되는 수단이기보다 소통, 공유, 관계의 가치를 알게 하는 새로운 세상이라는 신념을 지니고 있다.

윤후명

상그릴라 호텔의 홍보팀 부장. 전통적인 홍보 방식에 의존하면서도 SNS를 어떻게 적용해야 할지 고민한다. 막장 드라마 폐인으로 자신의 블로그에 글을 올리고 있다. 그러나 주변에는 필사적으로 자신의 취미를 감추고 있는 탓에 아내에게도 말 못하는 '도둑 블로거' 인생을 살고 있다. 과장한테 트위터를 배워 SNS맹인 홍 대리를 놀리기도 하지만 시간이 지날수록 오히려 호텔 블로그에 홍 대리가 올리는 포스팅의 단골 소재가 된다.

이보경

상그릴라 호텔의 홍보팀 과장. 호텔 홈페이지를 맡고 있으며
SNS에 대한 관심도 많다. 완벽을 지향하고 까칠해서 존재하
는 것만으로도 주변 반경 10미터를 긴장하게 만들 정도로 'B
사감스러운' 면이 있다. 부장과 홍 대리가 모르는 게 있을 때
마다 절규하듯 부르는 인물이며 두 사람에게 트위터를 가르쳐
준다.
SNS의 세상에서 더 자유로워진 후 개인 플레이가 아니라 팀
플레이의 기쁨을 알게 된다.

홍진

홍 대리의 큰 조카이자 쌍둥이인 정과 한의 누나.
홍 대리에게 페이스북 친구하자는 이야기를 꺼냈다가 못 알아
듣자 '후지다'며 구박을 하기도 하지만 홍 대리와 페이스북으
로 소통하며 누구보다 자신을 지지하는 삼촌에게 솔직한 면을
털어놓는다.

홍정, 홍한

삼촌인 홍 대리를 너무나 좋아하는 쌍둥이 조카. 틈만 나면 홍
대리에게 '놀아줘' 레이저를 밤낮 가리지 않고 쏘아댄다. 사람
양쪽에서 쉴 새 없이 말하는 특기가 있다. 윤 부장의 딸인 유
미와 같은 반 친구이기도 하다. 엄마와 누나에게 치이는 홍 대
리를 진심으로 걱정할 때가 많다.

2장

소셜미디어 환경에 맞는 콘텐츠로 승부하라

3장
새로운 세상의 문을 열다

프롤로그

"좋아! 오랜만에 한 번 놀아볼까!"

홍 대리는 퇴근하자마자 날다시피 약속장소로 향했다. 오늘 모임은 언제 봐도 편한 초등학교 동창들과의 만남이다.

'역시 사람은 친구가 있어야 돼. 친구가.'

그러나 한 시간도 채 되지 않아 기대는 무참히 무너지기 시작했다. 1분 사이에도 몇 번씩 누군가의 휴대폰이 울렸다. 어떤 친구들은 눈을 마주치며 얘기하는 시간보다 휴대폰 화면을 들여다보고 있는 시간이 길었다. 게다가 자신은 생소한 단어인데 친구들은 자연스럽게 쓰고 있어서 위화감마저 느껴졌다.

"너도 그 사람 팔로잉해?"

16

"하하하. 안 볼 수가 없다니까."

"잠깐! 나도 리트윗 좀 하고."

"와아, 이건 뭐 완전 폭트네, 폭트."

'폭트? 폭탄 트위터인가? 도대체 누구야.'

홍 대리는 궁금했지만 관심 없는 척했다. 홍 대리는 문득 몇 달 전 윤 부장과 이 과장에게 당했던 달갑지 않은 기억이 떠올랐다.

지금도 그 생각을 하면 부끄러움에 손발이 오글거릴 정도다.

"어이, 홍 대리, 나랑 맞팔 할까?"

부장이 갑자기 물었다.

"마…팔이요…?"

"응. 팔로우 하게."

"따라오라고요? 어딜요?"

갑자기 사무실 안에 정적이 흘렀다. 잠시 후 누가 먼저랄 것도 없이 부장, 과장이 동시에 웃음을 터뜨렸다. 겨우 웃음을 멈춘 부장이 아직도 웃음기가 남은 목소리로 물었다.

"홍 대리, 설마 맞팔도 모르는 거야?"

"네…아…뭐….."

홍 대리는 더듬거리며 눈을 껌벅였다.

"허허허, 젊은 사람이 트위터 용어 정도는 좀 알아두라고."

팀원이라고는 달랑 세 명인 홍보팀에서 시간이 날 때마다 단

짝처럼 부장, 과장 둘이서만 '맞팔'이니 '팔로우'니 알 수 없는 외계어를 남발하고 있으니 홍 대리는 솔직히 서럽기도 하고 외롭기도 했다. 하루아침에 왕따가 된 듯한 기분마저 들었다.

그날 저녁 오기로 트위터 계정을 만들었다. 하지만 계정만 만들었을 뿐, 트위터를 통해 뭔가를 해본 적은 없다.

사실 홍 대리가 트위터를 꺼려하는 진짜 이유는 다른 데 있었다. 부장이 의욕에 넘쳐 SNS 홍보 이야기를 꺼낼까봐 조마조마한 마음이 들었기 때문이다.

'SNS든 트위터든 어차피 한 때의 유행이라고!!!'

홈페이지에 올리는 이벤트와 공지만으로도 호텔 홍보에는 아무런 지장이 없었다. 게다가 지금 하고 있는 업무만으로도 충분히 벅찼다. 괜히 새로운 일을 벌여 호환마마보다 무섭다는 업무 과부하에 걸리고 싶지는 않았다.

'여기에선 트위터 얘기 좀 안 듣나 했더니.'

홍 대리는 은근히 심사가 꼬였다.

'트위터다, 페이스북이다, SNS다' 말은 그럴 듯하게 해도 정말 그것이 뭔지나 알고 하는 소리인지 의아했다.

'그래, 나 꼬인 놈이다. '폭트(폭풍 트윗)'도 모른다. 그러는 니들은 SNS가 뭔지 제대로 알긴 하나?'

홍 대리는 수없이 오가는 공허한 말잔치에 피곤해졌다. 이들이 말하는 것들이 진짜 SNS의 실체는 알지 못한 채 장님 코끼리 만지듯 일부만 알면서 모든 걸 알고 있는 양 잘난 척하는 것 같았다. 복잡한 심경으로 서비스로 나온 골뱅이를 집어 들었다.

"너네 호텔 트위터 계정은 뭐냐?"

자신의 휴대폰을 만지작거리며 무심하게 묻는 동호 때문에 하마터면 골뱅이를 입에 넣다가 옷에 흘릴 뻔했다. 하지만 최대한 쿨하게 말했다.

"트위터? 우린 아직."

"페이스북은?"

"뭐, 그것도… 아직."

"아직? SNS 안 한다고? 너네 호텔 진짜 괜찮아?"

"어? 어어…."

"뭐야, 호텔 홍보팀에 있다길래 우리보다 더 빠를 줄 알았더니 그것도 아닌가봐. 너 혹시 호텔이 아니라 모텔에서 일하는 거 아냐?"

동호의 말에 모두 한바탕 웃었지만 심기가 불편했던 홍 대리는 열불이 났다.

"나 멘션mention 날렸다."

분위기를 주도하며 한참을 떠들던 동호가 옆에 있던 친구에게 장난스럽게 말했다. 홍 대리는 정신이 번쩍 들었다.

"맨션mansion을 날렸다고? 언제?"

"지금."

"아니, 그런데도 웃음이 나와?"

"그럼 웃지, 우냐?"

동호는 이상하다는 듯 홍 대리를 바라보았다. 다른 친구들도 둘의 대화가 심각해지는 걸 알고 말을 멈추고 바라보고 있었다.

"도대체 얼마 짜리를 날린 거야? 카드 좀 하다가 날린 거랑은 차원이 다르잖아. 지난번엔 주식하다가 큰 손해 봤다며!"

홍 대리는 더듬거리며 말을 이었다.

"그러니까, 난… 걱정 돼서… 아니 아파트도 아니고… 맨션은 왜 사서 날리냐고…."

누가 먼저랄 것도 없이 여기저기서 웃음이 터졌다. 동호는 아예 바닥을 치면서 웃고 있었다. 동호가 짓궂은 얼굴로 말했다.

"너 트위터 계정 있긴 하냐?"

"어? 어어…."

"트위터에 글 올리는 걸 멘션mention이라고 하거든."

다른 친구가 안타깝다는 듯 옆에서 거들었다. 그제야 홍 대리는 상황을 파악했다.

'아, 그 멘션이 그 맨션이 아니었구나. 그럼 그냥 올린다고 하던가. 왜 날린다고 하냐고! 뻐꾸기냐고! 비둘기냐고!'

20

"아파트도 아니고… 맨션이래… 큭큭큭… 아냐, 이거 트윗해야겠다."

동호가 휴대폰을 꺼내들었다. 그리고는 마지막 결정타를 남겼다.

"얘들아, 올 겨울엔 홍미루한테 트위터 설명서 놔줘야겠다."

제길, 진심 쪽팔린다는 건 이런 경우일 거다.

"삼촌, 나랑 친구 할래?"

휴일 아침 늦게 밥을 먹다 말고 첫째 조카인 진이 무심하게 물었다. 홍 대리는 하마터면 한 입 떠 넣었던 된장국을 도로 내뿜을 뻔했다.

"뭘 하자고?"

"친구."

"싫다, 인마, 내가 왜 너랑 친구하냐? 난 삼촌이다, 삼촌."

"누가 삼촌 아니래?"

"너랑 친구해서 좋을 게 뭐 있는데?"

"서로 담벼락에서 이야기도 하고. 좋잖아."

"거기가 어디야? 누구네 집 담벼락인데?"

잠시 의아해 하던 진이 웃음을 터뜨렸다.

"아하하하하. 삼촌 페이스북 모르는구나."

"페이스북? 그거 새로 나온 앨범이냐? 왜 다들 거기서 친구를 찾고 그래?"

진이 잠시 말없이 입을 가렸다. 어깨가 들썩이는 게 웃음을 참고 있는 듯 보였다.

"삼촌, 제발 어디 가서."

"어디 가서?"

"그런 얘기는 묻지도 말고 하지도 마."

"왜?

"엄청 후져 보여."

홍 대리는 식탁에 놓인 반찬을 바라보다가 최근 들어 자신의 인생이 점점 밑반찬을 닮아간다는 생각이 들었다.

그야말로 메인이 나오면 순식간에 옆으로 치워지는 서비스 안주 인생이었다. 싱싱한 광어나 도미, 우럭 근처에도 못 가는 골뱅이 같은….

고개를 들자 똑같이 생긴 얼굴 두 개가 연민에 가득 찬 눈으로 홍 대리를 바라보고 있었다. 진의 동생이자 홍 대리의 또 다른 조카들인 10살짜리 쌍둥이였다.

"삼촌…."

"힘 내."

갑자기 울고 싶은 이 마음은 뭘까?

"좀 후졌으면 어때?"

"나도 아직까지 후진 티셔츠 입고 있는 걸."

"나는 후진 양말."

"떨어질 때까지 입어야 한다고 엄마가 그랬어."

"멀쩡한데 후지다고 버리면 안 된다고 했거든."

"그러니까 우리는 좀 후졌다고 삼촌을 버리진 않을 거야."

쌍둥이가 홍 대리 앞으로 콩나물 반찬을 슬쩍 밀어주었다.

1장

SNS맹
탈출기

나만 뒤처지는 거 아냐?

'맨션 사건'이 터진 후 2주일이나 지났지만 생각할수록 우울했다. 그동안 자신에게 연락해오거나 안부를 묻는 전화 한 통 없었다. 친구가 삶의 50% 이상을 차지한다고 믿었던 홍 대리였기에 소외감을 넘어 배신감마저 느껴졌다.

'절대로 빠지면 안 되는 사람처럼 치켜세울 때는 언제고.'

그날 일을 생각하는 것만으로도 미간이 좁아지며 인상이 찌푸려졌다.

"누구 하나 산 채로 파묻으러 가? 표정이 왜 그렇게 살벌해?"

부장이 홍 대리를 바라보며 물었다.

"아, 그냥 머리가 좀 아파서요."

"왜? 오늘 회의 때문에?"

"네…. 뭐. 그렇죠."

홍 대리는 재빨리 머릿속으로 오늘의 안건을 떠올렸다. 최근 회의 때마다 빠지지 않는 주제는 호텔 이미지 변화와 30주년 기념식에 대한 것이다. 오늘은 앞으로의 행보에 대한 좀 더 심도 깊은 회의가 될 것이다.

홍 대리가 일하고 있는 상그릴라 호텔은 30년 전통의 역사를 지닌 곳이다. '지상낙원'이라는 뜻의 상그릴라는 호텔의 창업주가 청년 시절 여행을 갔던 티베트에서 영감을 받아 지은 이름이라고 했다.

한강이 보이는 전망이 훌륭했고 특히 옥상 정원에서 바라보는 해질녘의 일몰 풍경은 일품이었다. 게다가 3년 전부터 공을 들이고 있는 브런치 메뉴와 실속 있는 와인 바, 스파는 상그릴라 호텔의 자랑이었다. 최근에는 '호텔'이 주는 부담스럽고 고급스러운 이미지를 벗고 젊은층이 좀 더 가깝게 찾는 캐주얼 호텔로 변화하는 노력을 기울이고 있다. 그것은 이미 초일류로 자리 잡고 있는 국내 굴지의 다른 호텔과의 차별화 전략이기도 했다.

그러나 새로운 변화를 시도한다고 해도 이미 박혀 있는 고정관념들을 하루아침에 바꾸기는 어려웠다. 그러기에 홍보팀 역할이 더욱 중요한 시기였다.

5년 전 홍 대리가 막 입사했을 무렵보다 안정을 찾아가고 있긴 했지만, 요즘 들어 비슷한 콘셉트를 지녔으면서도 막강한 재정과 획기적인 이벤트로 무장한 신생 호텔이 쏙쏙 등장하면서 위기를 느끼고 있었다.

실적으로만 보면 안정적인 경영 상태로 보이지만 사실 최근 몇 달간 예약이 조금씩 줄어드는 실정이었다. 아직 눈에 띌 정도는 아니지만 확실히 지금과는 다른 '변화'가 필요했다.

솔직히 말하자면, 홍 대리는 요즘 변화가 필요하다고 막연히 느끼면서도 현실에 안주하고 싶은 이중적인 마음을 느꼈다. 자신은 변화에 빠르게 대응하는 편이 아니었다. 공부를 열심히 해야 한다고 머리로는 생각하지만 실제 몸은 따라주지 않는 고3 수험생과 비슷했다. 그러나 요즘 조금씩 위기의식을 느끼기 시작했다.

'이러다가 정말 나만 뒤처지는 거 아냐?'

부장을 따라 회의실로 들어가며 홍 대리는 불안한 마음이 들었다. 하지만 곧 특유의 낙천적인 성격으로 툭툭 털어버렸다.

갑자기 SNS 마케팅이라니!

"상그릴라 호텔은 곧 30주년을 맞이합니다. 저희 호텔이 최근 몇 년 동안 한층 젊어진 이미지를 만드는 데 혼신의 힘을 기울였고 조금씩 그 성과가 드러나고 있는 것도 사실입니다. 그러나 중요한 것은 지금부터입니다. 대중에게 친근하게 다가가고 좀 더 가까워지기 위해 SNS, 즉 소셜 네트워크 서비스를 적극적으로 이용하자는 것이 이사진의 방침입니다. 저희 팀만으로 꾸려나가기엔 아직 벅차다는 판단 아래 당분간 외부 협력을 받기로 했습니다. 오늘 오후에 저희를 도와주실 분이 오실 겁니다. 그 전에…."

"부장님, 지금 뭐라고 하셨어요?"

홍 대리는 자신의 귀를 의심했다.

"우리 호텔도 SNS를 홍보마케팅 수단으로 본격적으로 도입하기로 했다고."

"그러니까, 트위터나 페이스북 뭐 그런 거요?"

"응. 지난주 이사진 회의 결과야."

홍 대리는 과장을 바라보았다. 입가가 슬쩍 위로 당겨져 있는 것으로 보아 분명 모종의 공작을 편 것이 틀림없었다.

'내 인생은 왜 갈수록 꼬이기만 하냐.'

이렇게 빨리 변화를 맞이해야 할 줄은 몰랐다. 맞팔과 멘션의 충격에서 아직 벗어나지 못한 채였다. 얼마나 충격이 컸는지 그 이후로 며칠 동안 무너져 내리는 맨션에 깔리는 꿈만 꾸었다.

"갑자기 왜 그런 결정을…."

"갑자기는 아니야. 홍 대리도 알다시피 요즘 인터넷과 기업 환경이 하루가 다르게 변하고 있잖아. 최근 많은 호텔에서 SNS를 홍보마케팅으로 적극적으로 이용하고 있고. 이벤트 공지도 트위터를 통해 올리는 추세고."

"그래도 저희는 홈페이지를 잘 운영하고 있잖아요."

"사실은 나도 이 방면으론 아는 게 없어서 윗선에 보고하기 어려웠는데 이 과장이 큰 도움이 됐지."

그럴 줄 알았다. 홍 대리는 과장의 자신만만한 얼굴을 보며 다시 한숨을 내쉬었다. 부장은 홍보맨으로 잔뼈가 굵은 사람으로 광고도 일간지 등 전통적인 방식을 고수할 때가 많았다. 그런데 갑자기 SNS라니!

'그동안 둘이서 손발이 척척 맞는다 했지. 그래, 어차피 나는 서비스 안주다 이거지!'

아무리 자신이 SNS의 S도 모른다고 한솥밥 먹는 팀에서 슬쩍 제외했다고 생각하니 섭섭했다.

'하지만 부장님도 참, 무슨 일을 이렇게 빨리 추진하시나.'

종이귀에 팔랑귀 부장인 줄 알았더니 불도저에 막무가내 밀어 부치기 부장이었다.

'두 달 전만 해도 홍보는 인쇄매체와 홈페이지면 충분하다더니.'

홍 대리는 순식간에 바뀔 수 있는 부장의 뇌구조가 궁금해졌다. 현재는 아마 30%는 맞팔과 팔로잉과 멘션이, 60%는 딸인 유미의 재롱, 그리고 나머지 10%는 '온갖 일들'로 채워져 있는 것 같았다.

하지만 오후 내내 부장은 몰래 숨겨둔 비밀로 머리가 복잡했다. 부장은 힐끗 시계를 보았다. SNS 전문업체인 엉뚱상상의 장미아 이사가 오기로 한 시간이었다.

SNS가 뭐라고 생각하나요?

"안녕하세요, 엉뚱상상의 장미아 이사입니다."

부장에게 듣기로는 분명히 40대 전반의 나이였는데 활짝 웃는 그녀는 나이를 짐작하지 못할 정도로 앳된 모습이었다. 그러나 바로 프레젠테이션에 들어간 미아는 부드러운 외모와는 다르게 프로다운 면모를 보였다.

"홍 대리님 인터넷 하시죠?"

"네."

"어떻게 하세요?"

"네? 어떻게 하다니요?"

홍 대리는 자신이 바보 같다는 것을 느끼면서도 반문할 수밖에 없었다. SNS란 무엇인가부터 시작해서 운영지침이나 차별화 방법에 대한 고급 정보들을 줄줄이 들을 줄 알고 잔뜩 긴장하고 있었는데 난데없이 인터넷을 어떻게 하냐니?

"주로 검색하는 방법을 많이 쓰는데요."

미아는 빙긋 웃더니 포털 사이트 검색창에 직접 검색어를 넣었다.

'상그릴라 호텔'을 치자마자 홈페이지로 연결되는 링크가 떴다. 얼마 전 끝난 이벤트에 대한 기사도 몇 개 있었다. 하지만 얼핏 보기에도 별로 신통한 내용은 아닌 듯했다.

이번엔 이름만 들어도 알 정도로 유명한 호텔 이름을 쳤다. 상그릴라 호텔의 몇십 배에 해당하는 글들이 줄줄이 모니터 화면에 나타났다.

"이 과장님께선 이걸 보면 어떤 생각이 드세요?"

미아가 과장을 보며 물었다.

"솔직히 유쾌하진 않네요."

"기분이 아니라 어떤 생각이 드는지 여쭌 거예요."

부드러운 어조였지만 말 속에 단단한 뼈가 느껴졌다. 과장의 얼굴이 순식간에 굳어졌다.

"제 생각요, 그러니까⋯."

"잠시 생각할 시간을 드릴까요?"

과장이 조개처럼 입을 꾹 다물었다. 저 성격에 꽤나 자존심이 상했을 것이다.

"그럼 홍 대리님은 어떻게 생각하세요?"

갑자기 미아의 질문이 홍 대리에게 향했다. 마땅한 대답이 떠오르지 않았다.

"저희가 많이 부족하네요."

고작 한다는 말이 이거라니. 구멍이라도 파고 들어가고 싶을 정도로 창피했다.

이때 옆에 앉아 있던 부장이 헛기침을 했다.

"호텔의 홍보성 글보다 블로그에 올린 글들이 많네요."

과장이 차분하게 대답했다.

"역시 보는 눈이 있으시네요."

미아의 칭찬에 과장의 표정이 슬그머니 풀리는 것 같았다.

"좋아요. 그럼 홍 대리님은 블로그가 뭐라고 생각하세요?"

"블, 블로그요? 그야 당연히….."

머뭇거리는 홍 대리 대신 부장이 대답했다.

"1인 미디어로 온라인에서 자기 이야기를 하는 공간이죠. 개인 홈페이지라고나 할까요."

미아는 온화하게 웃었지만 원하던 대답은 아닌 듯했다. 과장과 부장의 표정을 조심스레 살펴보니 아닌 척해도 두 사람 모두 자신과 마찬가지로 긴장하고 있는 것이 틀림없었다.

'뭐야, SNS에 대해 잘 모르는 건 마찬가지잖아. 하도 트위터에 열을 올리기에 좀 아는 줄 알았더니. 그냥 단순한 유저였어?'

홍 대리는 조급했던 마음에 왠지 모를 위안을 받은 기분이었다. 트위터나 블로그 좀 안 한다고 해서 위축될 이유가 전혀 없었던 것이다.

알고 보니 세 사람 모두 SNS 왕초보나 마찬가지였다.

"온라인에서 자기 이야기를 하면 무조건 블로그가 될까요?"

"아니, 그건 아니죠. 일정한 형식을 갖춰야 하니까."

"어떤 형식이요?"

"어디에 블로그를 개설할 것인지 정해야 하고, 제목도 달아야 하고, 카테고리도 정해야 하고, 포스팅할 사진과 글도 정리해야 하고, 이웃에게 댓글도 달아야 하고."

부장의 말에 홍 대리는 깜짝 놀랐다. 짝짝짝, 박수라도 쳐드리고 싶었다.

'우리 몰래 블로그라도 하고 계신 거 아냐?'

미아의 질문은 계속됐다.

"사이트 정하고 제목 달고 카테고리 정하고 포스팅하고 댓글 다는 것이 블로그라면 홈페이지와 다른 것이 무엇일까요?"

'바로 그거에요!!!! 저도 그게 궁금했다고요!!!!'

홍 대리는 자리에서 벌떡 일어나 소리치고 싶은 마음이 간절했다. 아까 회의 시간에 자신이 바로 부장에게 묻고 싶었던 말이었던 것이다.

"홈페이지는…."

부장도 말문이 막혔는지 다음 말을 잇지 못했다.

"홈페이지는 블로그보다 좀 더 딱딱하고 사무적이라는 생각이 들어요."

과장이 부장을 돕고 나섰다.

"어떤 면에서요?"

"회사를 알리기 위한 성격이 강한 면이요. 고객과 소통하기보다 일방적인 홍보를 위한…."

여기까지 말하고 과장은 입을 닫았다. 홍 대리는 갑자기 번개에 맞은 듯한 기분이 들었다. 과장이 더 이상 말하지 않는 이유도 자신과 같으리라.

'일방적인 홍보.'

지금까지 자기들이 해온 일이 어떤 것이었는지 이보다 더 명확하게 보여주는 말은 없을 것 같았다.

"그럼 블로그는 일방적으로 홍보하는 공간이 아니라는 뜻이 되겠네요. 그렇다면 홈페이지와 다른 블로그만의 특징은 뭘까요?"

한 대 맞은 사람처럼 충격을 받은 듯한 세 사람의 얼굴을 보면서도 미아는 질문을 멈추지 않았다.

"홈페이지보다는 좀 더 가볍고, 따뜻하고, 재미가 있어요. 읽는 사람을 굉장히 배려한다는 느낌이 들죠. 권위적이지 않다고나 할까, 생활의 냄새가 배어난다고나 할까."

부장의 말을 듣던 미아가 처음으로 고개를 끄덕였다.

"블로그의 성격과 특징을 잘 알고 계시네요. 부장님께선 혹시 개인적으로 블로그를 하고 계신가요?"

"아, 아니… 다른 사람들의 블로그에… 가끔 들어가 보는 정도입니다."

홍 대리는 부장의 말이 절대로 거짓말이라고 생각했다. 뭔가 수상한 냄새가 났다. 분명히 블로그를 하고 있다는 확신이 들었다.

'뭘까? 비밀로 할 정도의 블로그라니.'

엄청난 궁금증이 홍 대리의 머릿속으로 밀려들었다. 너무나 궁금해서 미아의 소리가 귀에 들리지 않을 정도였다.

블로그는 베이스캠프!

"그런데 왜 블로그 이야기를 꺼내시는 거죠? SNS라면 트위터나 페이스북 아닌가요?"

과장의 말에 미아가 고개를 저었다.

"아니요. SNS의 베이스캠프는 블로그입니다. 트위터나 페이스북은 그 다음이죠. 블로그를 SNS의 전초기지로 삼아야 하는 이유는 곧 알게 되실 거예요. SNS를 통한 상그릴라 호텔의 변화를 원하신다면 반드시 블로그부터 오픈해야 합니다."

과장이 낭패라는 표정을 짓고 있었다. 하긴 트위터가 대세인 양 강력하게 밀고 있었으니 그럴 만도 했다. 부장도 고개를 갸웃거리고 있었다. 이해 안 되는 것은 홍 대리도 마찬가지였다.

'이제 와서 블로그라니?'

자신도 예전엔 미니홈피에 재미를 붙여 1촌 맺기에 열을 올린 적이 있었지만 지금은 거의 폐쇄상태였다. 사진 올리고 글 올리고 댓글 다는 것에 은근히 시간을 빼앗기기도 했지만 사실 더 큰 이유는 그 관계가 너무 피상적이라는 데 있었다.

홍 대리는 온라인에서보다 오프라인에서 친구들을 만나는 것이 좋았다. 얼굴을 마주봐야 살아 있는 만남인 것 같았다. 그렇게 친구 좋아하다가 장가 못 간다고 어머니의 구박을 들으면서도 꿋꿋하게 모임에 나갔던 것도 그것이 삶의 커다란 즐거움이었기 때문이다.

그러다 잊고 있던 지난번 모임이 자동모드처럼 떠오르자 다시 우울해졌다. 도무지 당분간은 창피해서라도 모임에 못 나갈 것 같았다.

'앞으로 무슨 낙으로 사나.'

자신이 없는 자리에서 동호 녀석이 그때 일을 신나게 각색까지 해가며 과장된 어투로 떠들겠지만 그 자리에서 당하는 것보단 뒤에서 웃음거리가 되는 것이 차라리 나을 것 같았다.

이런 홍 대리의 괴로움을 알 리 없는 미아가 명쾌한 어조로 말했다.

"이제 여러분께 첫 번째 과제를 드리려고 합니다. 호텔 블로그를 본격적으로 오픈하기에 앞서 개인 블로그를 만들어 한 달 동안 시범운행을 해보는 것입니다. 개인 블로그라고는 해도 어디까지나 호텔 블로그의 전초라는 것을 잊지 마시고 되도록 호텔과 관련된 포스팅을 해주세요. 물론 소재는 자유롭게 선택하시고요.”

미아의 말에 홍 대리는 정신이 번쩍 들었다.

'트위터도 아니고 블로그를 만들라고?'

트위터보다 몇 배는 더 복잡하고 시간이 많이 걸릴 것 같은 블로그라니. 트위터 하는 법이나 배울 줄 알았는데 상황이 점점 복잡해지고 있었다.

'부장님, 이건 아니잖아요.'

홍 대리는 원망의 눈길로 부장을 쳐다보았다. 하지만 소용없는 일이었다. 어찌된 일인지 누구보다도 부장이 크게 고개를 끄덕이고 있었던 것이다. 역시 뭔가 수상했다.

다 함께 차차차

"홍 대리님은 SNS를 해야겠다고 생각한 계기가 뭔가요?"

"부장님이 시켜서요."

이보다 솔직할 순 없었다. 뒤늦게 '아차' 싶어서 부장 눈치를 봤지만 미아가 웃음을 터뜨리는 바람에 웃으며 넘어갔다.

"솔직해서 좋네요. 1단계로 SNS의 기초는 블로그로 시작해야 한다는 이야기를 했으니 좀 더 자세히 들어가볼까요? SNS가 무슨 뜻인지는 아시죠?"

"소셜 네트워크 서비스의 약자죠."

그 정도는 알고 있었다.

"만약 SNS에 캐치프레이즈를 붙여본다면 홍 대리님은 뭐라고 하겠어요?"

"SNS의…캐치프레이즈요?"

"네. 한마디로 SNS의 성격을 드러내는 카피를 써본다고 생각해보죠."

잠시 고민하던 홍 대리는 조그맣게 대답했다. 하지만 자신이 없었다.

"다함께 차차차?"

자신이 생각해도 바보 같은 말이라고 생각했지만 직감적으로 떠오른 말이었다. 미아가 비웃어도 할 수 없다고 포기하고 있는데 의외로 부드러운 목소리가 들렸다.

"왜요? 그렇게 붙인 이유를 설명해주시겠어요?"

"그게, 아까 홈페이지는 일방적이라는 얘기가 나왔잖아요. 그렇다면 블로그를 베이스캠프로 하고 있는 SNS는 홈페이지와는 반대일 것 같아서요. 그러니까, 메인 메뉴와 밑반찬으로 나눠 먹는 것이 아니라 다양한 음식을 차려놓고 동시에 먹는 뷔페 같은 이미지라고나 할까요."

홍 대리의 대답이 의외였는지 과장이 슬쩍 돌아다보았다.

"좋네요."

미아가 처음으로 홍 대리를 칭찬했다.

"네? 좋다고요? 뭐가요?"

"제 식으로 표현하면 SNS는 '다 같이 이야기해요'거든요. 듣고 보니 홍 대리님 표현이 더 좋은데요."

부장이 홍 대리를 향해 엄지손가락을 슬쩍 올려 보였다. 부장에게 칭찬을 받으니 갑자기 SNS에 흥미가 느껴지기 시작했다.

우물에 빠진 홍 대리,
구세주를 만나다!

홍 대리는 이번 기회에 서럽고 슬픈 SNS맹에서 좀 벗어나 보자고 생각했다.

"SNS라는 새로운 세상에서는 모든 사람이 모든 사람을 향해 말을 걸고, 정보를 나누고, 참여합니다."

소수가 정보를 독점하는 시대는 지났다고, 미아는 힘주어 말했다. 그리고 어제까지만 해도 수동적인 위치에 있던 시청자나 독자가 이제는 정보를 생산하고 공유하며 참여하는 적극적인 주체로 떠 오르고 있다고도 덧붙였다.

고개를 끄덕이며 듣긴 했지만 아직 피부로 와 닿는 이야기는 아니었다. SNS 앞에만 서면 한없이 작아지는 기분이 들었다.

SNS는 너무 거대하고 범접하기 힘든 세상 같았다.

미아의 SNS 강의는 한 시간 이상 계속되었다. 홍 대리는 한 마디 한 마디 귀를 세우면서 들었다. 자신에게는 미지의 세계였지만 어쨌든 자신에게 찾아온 기회라는 생각이 들었기 때문이다. 이번 기회를 놓치면 다시 저 어둡고 캄캄한 세계로 돌아가야 할지도 몰랐다.

"지금은 누구나 정보의 생산자이자 소비자인 시대예요. 그래서 어느 때보다 소통하고 공유하고 관계를 맺는 것이 중요해졌죠."

'소통, 공유, 관계.'

홍 대리는 마치 처음 듣는 단어처럼 한 마디, 한 마디, 마음속으로 발음해보았다. 평소 습관처럼 하던 말이었지만 오늘은 유난히 특별하게 다가왔다. 소리가 아닌 의미로 받아들였기 때문일 것이다.

"게다가 스마트폰 보급으로 모바일, PC, 인터넷 기능을 동시에 사용할 수 있게 되었죠."

세 사람이 동시에 고개를 끄덕였다. 스마트폰이 놀랍도록 새로운 세상을 열어준다는 사실은 홍 대리도 알고 있었다. 하나의 기기로 통화, 메신저, 웹서핑, 쇼핑, 문서작성 등 다양한 활동을 시간과 장소의 제약 없이 할 수 있게 되지 않았던가. 대신 사람이 앞에 있어도 얼굴 대신 휴대폰 화면을 들여다보는 기이한 현상

또한 생겨버렸지만.

"하지만 스마트폰이 있어야만 SNS가 가능한 것은 아니에요. SNS는 기본적으로 인터넷 네트워크로 이뤄지는 시스템이니까요. 설마 스마트폰이 없으면 SNS를 못한다고 생각하고 계신 분은 없으시겠죠?"

"하하하, 그럴 리가요."

부장의 말에 모두 따라 웃었지만 홍 대리는 정곡을 찔린 것 같아 몰래 쓴웃음을 지었다.

'아! 그렇구나!'

그리고 깨달았다. 이렇게 당연한 사실도 모르고 있을 정도로 자신이 얼마나 어이없는 SNS맹이었는지를.

'트위터도 페이스북도 스마트폰이 있어야만 제대로 할 수 있다고 생각했어.'

홍 대리는 흠칫 어깨를 움츠렸다. 주위 사람들이 자신의 속마음을 듣기라도 했을까봐 부끄러웠다.

"그뿐만이 아니에요. SNS는 자발적으로 형성된 네트워크를 통해 쉽고 빠르게 네트워크를 형성하죠. 이렇게 전파된 콘텐츠의 영향력은 지속적으로 확산되고요."

"정말 그렇게 전파력이 빠른가요? 어느 정도의 속도인지…."

"속도라면 블로그보다는 트위터 아닌가요?"

과장이 중간에 끼어들었다.

"그렇죠. 트위터는 140자의 짧은 문장으로 콘텐츠를 만들어 언제나 원하는 시간에 발신할 수 있으니까요. 자신과 친분이 없는 사람에게까지 전세계적으로 급속히 전파할 수 있죠."

"전… 세계적으로요?"

"게다가 또 하나 무시할 수 없는 장점이 있어요. 기존 매체의 홍보비용에 비해 상대적으로 비용이 절감된다는 것이죠."

비용절감이라는 말이 떨어지자마자 부장을 비롯해 과장과 홍 대리까지도 눈이 반짝 빛났다. 언제나 골머리를 썩는 문제였기 때문이다.

"방송이나 신문광고가 얼마나 비싼지는 잘 알고 계실 테죠."

부장이 대답 대신 고개만 끄덕였다. 그야말로 '눈이 튀어나올 정도로' 비쌌기 때문이다.

"SNS는 사회 전반에 걸쳐 큰 변화를 가져오고 있어요. 블로그나 트위터를 통해 전파된 한 마디가 기업의 평판을 좌우할 정도죠. 물론 SNS를 활용하는 마케팅에 부정적인 시각을 가질 수도 있습니다. 하지만 블로그의 필요성에 관한 논쟁을 하고 있는 지금도 누군가는 샹그릴라 호텔에 대한 자신의 생각과 의견, 혹은 불만을 올리고 공유하는 중일 겁니다. 그리고 그 의견은 다른 사람에게 즉각적인 행동을 유발하게 할 수도 있고요.

블로그가 SNS의 전초기지 역할을 해야 하는 이유는 콘텐츠를 생산하고 소통하고 공유하는 중심지이기 때문이에요. 140자 내외의 글만 올릴 수 있는 트위터가 갖지 못한 강점이죠. 블로그를 통해 콘텐츠를 생산하고 트위터를 통해 확산하는 전략입니다."

미아가 왜 그토록 블로그를 강조했는지 이제야 알 수 있었다. 프레젠테이션을 시작할 때 검색어를 통해 나타난 결과를 모니터로 직접 확인하고 나니 씁쓸하지만 인정할 수밖에 없었다.

홍 대리는 그까짓 거 안 해도 잘 살 수 있다고, 필요할 때 배우겠다고 고집했던 자신의 생각이 얼마나 편협한 억지였는지 다시한 번 깨달았다. 자신은 우물 안 개구리에 불과했다.

"이제 기업과 고객은 서로 대화를 하는 것이 일상이 됐어요. 기업에 유리한 정보만 선별하는 홍보방식에서 벗어나야 하는 것은 필연적인 일이죠. 있는 그대로 솔직하고 투명하게 전달하려는 노력을 해야 합니다. 앞으로는 SNS로 인해 기업과 고객과의 관계뿐만 아니라 기업문화도 바뀔 겁니다. 수직적 조직문화가 수평적 공유문화로 바뀌어 직원들의 아이디어와 다양한 노하우를 함께 나누는 것이죠. 직접적인 커뮤니케이션이 가능하니까요. 상그릴라 호텔에도 과연 이런 변화가 일어날지 기대해도 좋을까요?"

미아가 의미심장한 질문을 던지며 프레젠테이션을 끝냈다. 부장을 비롯해 홍 대리와 이 과장도 열렬하게 박수를 쳤다.

'문화를 바꾸다니!'

생각해보면 엄청난 일이었다. 홍 대리에게는 이것이야말로 진정한 의미의 신세계라는 생각이 들었다.

"장 이사님 말씀을 들을수록 놀랍기만 하네요."

과장이 순순히 말했다. 오늘 미아의 말은 어느 정도 SNS에 대해 알고 있다고 생각한 과장에게도 충격이었을 것이다. 자신이 알고 있다고 믿는 것이 사실은 얼마나 좁은 세계였던가.

"저도요. SNS다 뭐다 해도 막연하게만 생각했지 제대로 알고 있는 게 거의 없었어요. 놀라운 기능의 최신 스마트폰을 갖고서도 통화만 할 줄 아는 것과 같네요."

홍 대리의 농담에 미아가 적절한 비유라고 대응하며 기분 좋게 웃었다.

풀리지 않는 윤 부장의 비밀

"부장님, 솔직히 고백하세요. 블로그 하고 계시죠?"

미아를 배웅하고 나자마자 홍 대리는 부장을 붙잡고 늘어졌다. 한 가지 궁금한 게 떠오르면 그것이 해결될 때까지 머리가 간지러운 증세를 느끼는 홍 대리로서는 '부장님의 비밀 블로그'에 대한 호기심을 누를 수가 없었다.

"어? 블로그? 아냐, 안 해."

"에이, 왜 그래요. 냄새가 나는데 뭘요."

"어디서 고기 굽냐? 무슨 냄새가 난다고 그래?"

"그러지 말고 허심탄회하게 우리 토킹 어바웃 좀 해보자고요."

"허허, 이거 왜 이래. 난 트위터만 한다고. 이 과장, 지금 바빠?"

아무래도 수상했다. 홍 대리는 코를 킁킁거렸다.

'뭔가 분명히 있는데.'

이럴 때만 발휘되는 홍 대리의 직감 승률은 99%였다.

'저렇게 숨기는 걸 보니 19금이라도 모아놓으셨나?'

어쩌면 딸을 찍은 사진만 잔뜩 올려놓았을 것 같기도 했다. 부장의 딸 사랑은 홍보팀뿐만 아니라 호텔 안에서도 유별나다고 소문날 정도였다.

부장은 유머러스하고 성격이 둥근 사람이었다. 경력 있는 홍보맨답게 감각과 센스도 있었다. 그러나 사실은 10살짜리 딸 유미에게 쩔쩔매는 '딸 바보'였다.

'유미에 대한 블로그라면 오히려 강요하다시피 보여주셨을 텐데, 우와, 진짜 뭐지?'

홍 대리는 여전히 궁금증이 풀리지 않아 머리를 싸맸다. 자기가 왜 이런 것까지 궁금해 해야 하는지 알 수 없었지만 한 번 둥지를 튼 호기심은 알을 깨고 나오기 전까지는 그대로 남아 있을 터였다.

그러나 머리를 벅벅 긁으며 자리로 돌아오는 수밖에 없었다. 지금은 개인적 호기심을 채우기보다 업무에 집중해야 하는 시간이었다. 게다가 개인 블로그를 만드는 숙제도 해야 했다.

호텔 블로그를 개설해서 운영하기 위한 기초 단계이긴 했지만 그 일을 업무 시간에 할 수는 없었다.

'에라, 차라리 바쁜 게 낫지. 어차피 당분간 저녁 시간에 친구 만날 일도 없고.'

집에서 자신의 퇴근만 눈 빠지게 기다리고 있을 쌍둥이 조카들이 생각났지만 홍 대리는 이내 고개를 저었다. 당분간 남아서 야근을 해야겠다고 결심했다.

네 개의 검은 눈동자에서 나오는 초강력 '놀아줘 레이저'를 온몸으로 맞으며 집에서 일을 한다는 것은 참으로, 참으로 어려운 일이었으니까.

퇴근 시간이 지났는데도 아무도 퇴근을 하지 않았다. 아무래도 오늘 미아의 SNS 프레젠테이션이 모두에게 엄청난 의욕을 불어넣은 것 같았다. 특히 부장은 심각한 얼굴로 모니터 앞에 아예 고개를 박고 있었다.

한 걸음씩 차근차근

"그런데 블로그는 어떻게 만들어야 좋을까요?"

미아가 마지막으로 질문시간을 주었을 때 홍 대리는 초등학생 아이처럼 손을 번쩍 들고 물었다.

"참으로 좋은 질문이에요."

미아가 화사하게 웃었다. 홍 대리도 따라서 벙글벙글 웃으며 미아의 대답을 기다렸다. 그러나 미아는 대답 대신 질문을 했다.

"아까 제가 SNS의 중심 코드가 무엇이라고 했죠?"

"소통, 공유, 관계요."

홍 대리는 자신 있게 대답했다. 이렇게 대답하고 나니 자신도 SNS에 대해 좀 아는 것처럼 느껴져 뿌듯했다.

"맞아요. 그리고 또요?"

"음, 수직적 관계가 아니라 수평적 관계를 맺는 것이라고 말씀하셨죠."

"빙고! 설명을 잘 들으셨네요."

"하하하, 제가 할 땐 좀 하죠."

홍 대리는 오랜만에 마음껏 웃었다.

그러나 미아의 대답은 홍 대리의 기대에 어긋나는 것이었다.

"제가 일방적으로 가르쳐주는 건 SNS 정신을 배우는 데 별로 도움이 안 되겠죠? 우선은 본인이 할 수 있는 만큼 찾아서 해보세요. 그래야 리얼한 질문이 나오고 도움이 되는 소스를 정확하게 받을 수 있어요. 개인 블로그를 직접 개설하고 운영해보는 것만큼 좋은 공부는 없답니다. 여러분이 서로 정보를 공유하는 것은 좋지만 대신 만들어주는 만행은 저지르지 마시길 바랍니다. 절대 그 사람을 위한 일이 아니니까요. 그럼 다음에 뵐 때까지 모두 건투를 빕니다."

'세상에 공짜는 없다더니.'

역시 쉽게 얻을 수 있는 건 어디에도 없는 것인가 보다. 홍 대리는 슬쩍 과장을 보았다. 미아에게 기댈 수는 없고 차마 부장에게 물어볼 수도 없으니 이제 믿을 만한 사람은 과장밖에 없었다.

'어휴, 홍미루, 넌 진짜 할 줄 아는 게 뭐냐?'

자신이 한심하게 여겨졌지만 물에 빠진 사람 지푸라기라도 잡는 심경으로 과장의 자리로 갔다. 과장은 이미 자신의 블로그를 만들어 운영해본 경험이 있었다. 소소한 일상이나 여행, 맛집 등을 블로그에 올려 나름 입소문의 주역이 되기도 한다는 소문을 들은 적이 있었다.

"과장님, 지금 바쁘세요?"

"응."

과장은 홍 대리를 돌아보지도 않고 단칼에 끊으며 말했다.

'부장님이 물으면 언제나 아니라고 하셨잖아요!'

자존심이 상했지만 이대로 물러날 수는 없었다. 그러나 과장이 한 발 빨랐다.

"알아서 해. 난 홍 대리를 망치는 '만행'을 저지를 수는 없으니 말이야."

조용히 자리로 돌아온 홍 대리는 팔을 걷어붙였다.

'좋아, 좋다고. 이렇게 된 거 혼자서 해 보일 테다. 이거 왜 이러셔. 나도 한다면 하는 사람이라고!'

블로그는 정보의 근원지

'블로그 만들기'라는 검색어부터 쳤다. 순식간에 화면 가득 '왕초보를 위한 블로그 A to Z' '초간단 블로그 레시피' '발로도 할 수 있는 블로그' 등 관련 정보가 줄줄이 떠올랐다.

몇 개의 사이트를 들어가서 글을 읽던 홍 대리는 눈이 휘둥그레졌다. 몇 개를 제외하고는 거의 개인이 운영하는 블로그였던 것이다.

"아! 그렇구나!"

자신이 직접 찾아보지 않았으면 알지 못했을 신선함이 홍 대리의 가슴을 가득 채웠다. 막상 들어와 보니 자신이 블로그를 안 하고 있었다는 사실이 의아해질 정도였다.

홍 대리는 자신이 무언가를 찾고 싶어 검색을 했을 때 주로 어디에서 정보를 얻었는지 그제야 깨달았다. 대부분 누군가의 블로그를 통해서였다. 당시에는 필요한 내용만 파악하느라 관심을 갖진 않았지만 이미 자신의 삶 깊은 곳에도 블로그는 일상화되어 있었다.

'난 지금까지 뭘 하고 있었지?'

누군가는 콘텐츠를 적극적으로 생산하고 있는데 자신은 눈팅으로 소비만 하는 유령 같은 존재였다. 새로운 의욕이 생기기 시작했다.

처음 단계는 어디에 블로그를 개설할 것인가가 문제였다.

개인 블로그의 경우 포털 사이트에서 제공하는 블로그 서비스를 활용하는 경우가 대부분이어서 홍 대리 역시 가장 많이 사용하는 포털 사이트에 블로그를 개설하기로 했다.

"그럼 그렇지. 시작해보니 별 것도 아니네.'

창문 밖은 짙은 어둠에 쌓여 있었다. 과장과 부장이 뒤늦게 퇴근을 하고 혼자 남은 사무실에서 홍 대리는 만족감에 크게 기지개를 켰다. 어떤 일이든 시작하기 전보다 시작한 후가 훨씬 쉬운 법이었다.

멘토의 핵심 가이드라인 ①
블로그 어디서 개설해야 할까?

블로그 개설 초기에는 서비스를 제공하는 여러 사이트 중 어디에 개설해야 효과적으로 운영할 수 있는지 고민하게 됩니다.

블로그 서비스의 선택은 '검색을 통한 블로그 방문자 유입' '다양한 블로그 기능 활용' 등 해당 기업과 개인의 목적에 적절히 맞춰 결정하시면 됩니다. 아래는 대표적인 블로그의 특징을 정리한 것입니다.

포털에서 제공하는 블로그 서비스의 경우에는 회원 등록만 하면 바로 블로그 생성이 가능하니 지금 바로 시작해보세요!

블로그 툴	구분	성향	특징
D〮m 블로그	가입형	이슈확산	• 다음view 송고를 통한 강력한 포스트 확산 기능을 보유하고 있다. • 방문자 수, 유입경로, 방문자 활동(인기 포스트) 등의 통계를 제공한다.
NAVER 블로그	가입형	검색유입	• 국내 최대 규모의 검색 포털 사이트에서 운영하는 블로그 서비스로 검색을 통한 방문자 수 유입이 높다.
TISTORY	혼합형	가입형과 설치형 결합	• 가입형 블로그와 설치형 블로그의 장점을 결합한 블로그 서비스를 제공한다. • 블로그 운영에서 자유롭고 다양한 기능(위젯, 배너 등)을 활용할 수 있다. • 유입경로, 방문자 통계 등을 자세히 분석할 수 있는 기능을 제공한다.
WORDPRESS.COM	설치형	자유로운 구성	• 오픈 소스 기반의 설치형 블로그로 블로그 형태 및 툴을 자유롭게 변형할 수 있다. • 트래픽 제한, 백업(Backup), 운영 비용 등 웹에 대한 지식이 필요하다. • 유입경로, 방문자 통계, 인기 포스트 등의 통계 정보를 제공한다.

SNS 관련 용어 및 기능에 관한 자세한 설명은 'SNS 천재가 된 홍대리' 블로그(www.snshong.com)에서 보실 수 있습니다.

부장님은 도둑 블로거?

"감히 나한테! 네가 지금 눈 똑바로 뜨고 어딜 대들어! 건방진 것."

"저도 할 말은 하고 살아야겠어요. 왜요, 얌전하게 시키는 대로 하던 인형이 대드니까 무서우세요?"

"뭐? 뭐라고…?"

"지금까지 당하고만 살았다고요. 너무 억울해요. 당신이 뭔데."

"당신…?"

짝, 소리가 나며 고개가 휙 돌아갔다. 손짓겟을 하고 난 시어머니는 금방이라도 혈압이 끓어올라 쓰러질 것 같았다. 젊은 여인이 눈물을 그렁그렁 보이면서도 눈을 똑바로 뜨고 시어머니를 쳐다봤다.

"두고 보세요. 내가 받은 만큼 다 갚아줄 테니까."

다음 주 예고편은 여기에서 끝났다. 아, 윤 부장은 자신도 모르게 탄식을 터뜨렸다. 속이 후련하면서도 한편으로는 독한 시어머니가 어떻게 나올지 걱정이었다.

'지금까지 해온 행태로 보면 녹록지는 않을 텐데.'

마치 자신의 딸처럼 걱정이 되었다. 시청자 게시판에 들어갔더니 아니나 다를까 반응이 뜨거웠다. 기다렸다는 듯 댓글이 쏟아졌다. 입양해서 키웠던 딸이 자신의 아들과 사랑에 빠진다면 용서할 수 있겠는가, 처음부터 설정이 너무 독했다, 그래도 며느리로 받아들였으면 둘이 잘 살게 내버려둬야 한다 등 쉴 새 없이 의견이 올라오고 있었다.

모니터를 끄고 잠시 머리를 식히기 위해 베란다로 나갔다. 캄캄한 밤이었다. 가끔씩 들리는 차소리 외에는 아무 것도 들리지 않았다. 아내와 딸이 깊이 잠든 밤, 지난주에 한 회를 못 봐서 조바심을 내다가 토요일 밤인 오늘에야 겨우 볼 수 있었다.

중독이라면 중독이고, 취미라면 취미다. 아니, 명색이 부장인 중년 남자가 취미라고 하기엔 너무 막장인가. 하지만 어쩌겠는가. 자신의 안에는 막장 드라마에 열광하는 아줌마가 있는 것을.

"(막장) 드라마를 좋아합니다."

솔직히 누구에게나 말할 수는 없는 얘기다. 아니, 절대로 아무에게도 말할 수 없다. 근사한 사극이나 법정 스릴러, 의학 드라마도 아니고, 꼬이고 비틀고 지지고 볶는 막장 드라마라니.

'내가 어쩌다가 이 세계를 알게 돼서.'

폭폭 한숨이 나오지만 한번 그 맛을 들인 후로는 끊을 수가 없었다. 열렬하게 욕하면서도 죽어라고 보게 된다. 작가도 욕하고 피디도 욕하고 방송국도 욕하지만 결국은 찾게 되는 것이다.

처음부터 그런 건 아니었다. 계기는 블로그였다. 우연히 막장 드라마에 대해 쓴 블로거의 글을 읽었다. 충격이었다.

막장 드라마를 이렇게 당당하고 심도 있게 좋아할 수 있다니. 전문 비평가가 쓴 글도 아니었고 단지 좋아서 자신의 생각을 올린 포스팅이었지만 그 글에 담긴 무언가가 자신을 흔들었다.

호기심 반 의구심 반에 '첫 회만 볼까'라고 시작했던 것이 이제는 끊으려고 해도 끊을 수 없는 제2의 인생이 되어 버렸다. 그리고 이것이 계기가 되어 블로그까지 시작하게 되었다. 단지 생각을 표현하고 누군가와 공유하고 싶다는 마음 하나만으로.

하지만 자신이 블로그를 하고 있다는 사실이 주변 사람들에게 절대로 알려져서는 안 될 것 같았다. 생각만 해도 등에 식은땀이 흘렀다. 이 사실을 알게 되면 주위 사람들이 자신을 변태라고 생각할지도 모르는 일이었다.

'그런데 요즘 홍 대리가 이상해. 뭔가 눈치를 챘나?'

지난 번 프레젠테이션 때 자신도 모르게 블로그에 대해 너무 많은 걸 말해버린 것 같았다. 하지만 누가 알랴. 자신이 막장 드라마 폐인이며 남몰래 블로그에 후기를 올리고 있다는 사실을.

블로그에서는 자신이 하고 싶은 이야기를 마음껏 할 수 있었다. 하지만 요즘 들어 예전 같은 열정이 솟지 않아 고민이었다. 포스팅을 하면 뭐하나, 혼잣말을 하고 있을 때가 많아졌다. 이웃도 없어 한가한 블로그지만 어차피 처음부터 혼자 즐기려고 만든 것이니 불만은 없었다.

그런데 미아의 이야기를 듣고 마음이 흔들리기 시작했다.

'공유와 소통, 그리고 관계라….'

자신의 블로그와는 전혀 거리가 먼 이야기였다. 2년이 넘도록 몰래 블로그를 하고 있었지만 파워 블로거는커녕 아내도 모르는 도둑 블로거 노릇을 하고 있었다.

'내 블로그의 정체성은 도대체 무엇이란 말인가?'

블로그의 정체성에 대해 고민한 적은 없었다. 단순히 만들고 포스팅하고 어쩌다 달리는 댓글에 고맙다고 인사하는 것이 전부였다. 그런데 여태 익숙했던 그것이 지금에 와서 마음에 바람구멍이라도 난 듯 허전하고 부족하게 느껴지는 것은 왜일까?

조심스럽게 베란다 문을 닫고 안방 문을 열었다. 아내와 딸이 똑같이 누워 새우 모양으로 몸을 웅크리고 잠든 평온한 모습을 보고 있노라니 갑자기 가슴이 울컥해지며 눈물이 날 것 같았다.

최근 별 것도 아닌 일에 눈물이 나는 일이 늘었다. 드라마를 보면서도 울고, 출근길 라디오 사연을 들으면서도 운다. 청춘의 한 시기에 들었던 추억의 팝송을 들어도 울고, 어머니 생각을 해도 운다.

'나이가 들어가는 징조인지도 모르지.'

그들 옆에 똑같은 모습으로 눕고 싶은 충동을 누르고 아내와 딸이 깨지 않도록 가만히 문을 닫았다.

어쨌든 자신도 미아가 내준 숙제를 해야 했다.

'새로 만드느니 포스팅을 비공개로 돌릴까. 도둑 블로거 노릇도 쉽진 않구만.'

상상하지 못한 변화의 시작

'생각보다 어렵지 않은 걸. 이렇게 쉬운 줄 알았으면 진작 할 걸.'

홍 대리는 〈차차〉라고 정한 자신의 블로그에 포스팅할 내용을 고민하며 히죽 웃었다. 블로그 이름을 정할 때 잠시 고민하기도 했지만 SNS의 특성을 '다 함께 차차차'라고 말했을 때 미아의 칭찬을 받았던 기억이 났다. '차차'라고 해보니 발음하기도 좋고 재미있게 느껴지기도 했다.

디자인은 더 세련화시킬 필요가 있었지만 일단 초기 단계를 구축하는 일은 혼자서도 충분히 할 만했다.

모르는 것은 부장과 과장에게 조금씩 물어보며 배웠다.

최근엔 트위터로 두 사람이 홍 대리를 외롭게 하는 일도 줄었다. 일이 많아지면서 공통으로 협력하는 시간이 많아진 이유도 있었지만 미아가 다녀간 후 확실히 사무실 분위기가 달라졌다. 서로의 블로그에 들어가 댓글도 남겼다.

'음, 뭔가 더 친밀해진 것 같아.'

그전까지 홍보팀 내에서 포털 사이트에 오른 블로그의 글이 화제가 된 적은 있었어도 직원 개인의 블로그가 화제에 올랐던 적은 없었다. 홍 대리 자신도 새로운 사람을 만나거나 직원과 함께 퇴근할 때 "집이 어디냐"고는 물어도 "블로그 하냐"고 물어본 적은 없었다. 관심이 없었기에 굳이 물어볼 필요도 없었던 것이다.

오히려 오프라인에서 인간관계를 잘 맺지 못하는 사람들이 온라인에서 듣기 좋은 덕담 형식의 이야기를 댓글로 달아주는 것이라는 생각마저 하고 있었다. 재미있는 댓글에 웃음이 터질 때도 있었지만 그때뿐이었다.

소통은 만나서 하는 것이지 얼굴을 감춘 채 숨어서 댓글을 다는 것이 아니라고 생각했다. 그런데 즐기면서 해보니 댓글은 얼굴을 보며 소통하는 것과는 또 다른 재미가 있었다.

돌이켜보니 친구들의 화두에 트위터가 오른 이유를 알 수도 있을 것 같았다.

'과연, 달리 멘토가 아니구나.'

홍 대리는 처음에 미아가 개인 블로그를 운영해보라고 했을 때는 무슨 재앙이라도 만난 듯했지만 지금은 왜 굳이 이런 과제를 냈는지 알 것만 같았다. 이론과 실전은 하늘과 땅만큼 달랐다. 본격적인 호텔 블로그를 만들면 분명히 지금의 경험이 큰 도움이 될 것 같았다.

'어쩌면 내가 호텔 블로그를….'

홍 대리는 내심 자신이 맡게 되기를 꿈꾸고 있었다. 얼마 전의 모습과 비교하면 상상도 하지 못할 정도의 변화였다. 그리고 변화해가고 있는 자신이 썩 나쁘지 않다는 생각이 들었다.

왜 방문객이 늘지 않는 거지?

'어디 보자. 이번 포스팅은 어느 카테고리에 어울릴까나.'

홍 대리는 자신의 블로그 카테고리를 바라보았다.

죽 나열되어 있는 카테고리를 볼 때마다 뿌듯한 마음이 들었다. 누구나 다 하고 있는 블로그와는 전혀 다른 블로그를 만들고 싶다는 욕심도 생겼다. 기왕 만든 것 자신이 하고 싶은 이야기는 물론 올리고 싶은 자료도 모두 다 올려서 그야말로 콘텐츠 빵빵한 블로그를 만들고 싶었다.

'역시 풍부하고 다양한 정보가 짱이지!'

홍 대리는 자신의 블로그에 올린 글이 포털 사이트의 메인에 뜨는 장면을 상상해보았다. 생각만으로도 흐뭇한 일이었다.

<카테고리>

1. 빵과 벽돌 (호텔에서 일어나는 재미있는 이야기)	
2. 러브 레터(가슴 훈훈해지는 미담)	
3. 그 남자 그 여자(특이한 고객 이야기)	
4. 상그릴라 너머에 있는 것들(호텔 역사)	
5. 치즈 퐁듀(호텔 음식 소개)	
6. 황야의 무법자(자유게시판)	
7. 빨간 펜(공지사항)	
8. 우리 모두 다 함께 차차차(유머)	
9. 아보카드 샌드위치(세상에 이런 일이 같은 기이한 이야기)	
10. 청춘 아미고(좋은 글귀나 짧은 단상)	
11. 나무들 비탈에 서다(사진)	
12. 보라빛 소가 온다(동영상)	
13. 도플갱어(웹툰)	
14. 세상의 모든 담벼락(시사토론)	
15. 지상에 빌린 방 한 칸(여행정보)	

그러나 정작 포스팅할 자료가 없다는 것이 문제였다.

'가만, 자료라면 홈페이지랑 사보에 잔뜩 있잖아? 부장님도 기존의 자료가 필요하면 얼마든지 쓰라고 하셨으니까.'

홍 대리는 신이 나서 포스팅하기 시작했다. 많을 때는 하루에 10개씩 올렸다. 처음 1주일은 포스팅을 하는 재미에 잠자는 시간도 아까울 정도였다. 호텔 홍보지 제작에 사용했던 이미지들만 올리기도 했고 홈페이지에 올렸던 호텔 소식을 그대로 올리기도 했다.

이상한 일은 엄청난 포스팅을 했는데도 방문자 수가 늘지 않는다는 것이었다. 고정 방문객은 늘 2명 정도였고 하루 평균 10명이 전부였다. 참으로 민망한 숫자였다.

'도대체 이유가 뭐지?'

수십 개의 포스팅을 다시 한 번 점검해보았지만 모두 흥미를 가질 만하다고 생각되는 것들이었다. 블로그를 시작하기만 하면 포털 사이트 메인 화면에 뜰 것이라고 생각했던 홍 대리로서는 하루하루가 초조했다. 뭔가 강력한 한 방이 필요했다.

"홍 대리, 30주년 기념식에 섭외할 외부 인사 리스트 작성은 끝났어?"

오늘 따라 잠을 설친 듯 퀭한 눈으로 부장이 물었다.

"퇴근 전까지는 드릴게요. 그런데 어젯밤에 뭐 하셨어요?"

"응? 어? 왜?"

"얼굴이 안 돼 보이셔서, 잠을 잘 못 주무셨나 봐요."

"응, 그냥 좀 할 일이 있어서."

뭔가 둘러대는 듯 보였지만 홍 대리는 더 이상 신경 쓰지 않았다. 블로그에 정신이 팔려 있느라 정작 중요한 업무를 잊고 있었던 것이다. 외부 인사는 정재계 관련 인물이 주를 이룰 예정이라 신경 써서 작성해야 하는 일이었다.

'또 지겨운 사람들이 명단에 줄줄이 오르겠구만. 우리도 유명한 연예인이나 초청하면 좋을 텐데. 사람들 이목도 끌고.'

순간적으로 영화의 한 장면처럼 하늘을 가르는 번개가 머릿속에 번쩍 그려졌다.

'그렇다! 연예인 이야기라면 먹힐지도 몰라!'

공식적으로 상그릴라 호텔을 방문했던 유명 연예인이 몇 명 있었다. 몇 달 전의 일이긴 했지만 내용을 조금 수정해서 올리면 괜찮을지도 몰랐다. 연예인들의 공항패션이라든가 스트리트 패션 같은 것은 올리기만 해도 베스트에 뽑히지 않던가!

홍 대리는 홈페이지에 올려져 있던 한지수 방문 사진을 제목만 조금 바꿔 블로그에 올렸다. 최근 주목받고 있는 여배우였기에 이목을 끌 수 있을 거란 좋은 예감이 들었다.

포스팅을 마친 후 회심의 미소가 절로 나왔다. 내일 아침에는 방문자 수가 엄청나게 늘어나 있을 것이라는 확신이 들었다.

부장이 요구한 외부 인사 초청 리스트 작성도 술술 풀렸다. 블로그가 이렇게 재미있는 것인 줄 알았다면 진작 할 것을, 왜 이제야 이 맛을 알았는지 억울한 마음마저 들었다.

'늦게 배운 도둑이 날 새는 줄 모른다더니.'

이런 자신이 스스로도 신기해 속으로 피식피식 웃었다.

댓글이 빛의 속도로

홍 대리는 자신이 올린 포스팅이 포털 사이트 메인 화면에 뜨는 공상에 빠져 있느라 늦게 잠이 들었다. 덕분에 지각을 겨우 면할 정도로 아슬아슬하게 출근 체크를 했다. 홍보실 문을 열고 들어서자마자 과장과 부장이 놀란 얼굴로 모니터를 보고 있었다.

"와, 엄청나네. 이런 건 처음 봐요. 댓글 올라오는 속도가 장난 아닌데요."

"내 눈으로 보면서도 믿을 수가 없군."

들리는 이야기만으로도 무슨 일이 일어났는지 알 수 있었다. 분명히 어제 올린 포스트가 화제의 중심이 된 것이 틀림없었다. 입이 귀에 걸릴 정도로 내심 기쁜 마음이 들었지만 자신은 아무

것도 모른다는 표정으로 자리에 앉았다.

'자, 홍미루! 침착해라. 되도록 아무렇지 않게 굴어야지.'

이런 때일수록 호들갑을 떨기보다 담담한 상태를 유지하는 것이 자신의 존재를 돋보이게 할 터였다.

홍 대리를 보자마자 부장이 기다렸다는 듯 물었다.

"홍 대리, 어제 한지수 사진 올렸어?"

"네."

애써 담담한 척 평정을 유지하고 있었지만 홍 대리는 부장이 다음에 어떤 말을 할지 내심 기대하고 있었다. 아니, 마음속으로는 어떤 말을 할지 이미 알고 있었다.

'부장님, 다 알고 있어요. 어차피 하실 말 얼른 하세요.'

홍 대리 대단해, 엄청난 조회수야, 포털 사이트 메인에 뜬 건 홍 대리가 처음이야, 역시 해낼 줄 알았어, 우리 호텔 블로그는 무조건 홍 대리가 맡아야 해! 이 중에서 어떤 말이 나올지, 홍 대리는 부장의 말이 떨어지기만 기다렸다.

"한 건 했네. 크게 책임져야 할 것 같아."

"네. 그렇죠 뭐."

홍 대리는 밝게 대답하면서도 고개를 갸웃했다. 칭찬하는 말치곤 부장의 말투가 평소보다 어딘지 어둡고 음산했기 때문이다. 고개를 갸웃거리며 자리로 돌아와 노트북을 열었다.

자신의 블로그에 접속하자마자 실시간으로 바뀌는 화면에서 눈을 뗄 수가 없었다. 볼수록 신기한 장면이었다.

'이렇게나 빨리 댓글이 올라오다니….'

홍 대리는 자신이 직접 눈으로 보면서도 초 단위로 올라오는 댓글을 믿을 수 없다는 듯 멍하니 바라만 보고 있었다. 생명력 강한 나무의 줄기처럼 자신의 포스팅에 놀라운 속도로 달리는 댓글을 보며 아무 생각도 할 수 없었다.

"거짓말."

석고상처럼 꼼짝 하지 않고 앉아 있는 홍 대리 옆으로 어느새 다가온 부장이 조용히 말했다. 사형을 선고하는 재판장처럼 낮고, 무거운 음색이었다.

"자네 블로그는 당분간 비공개로 돌리든가 잠정적 폐쇄야. 새벽부터 호텔에 항의 전화가 빗발치고 있어."

무슨 일이 일어난 거지?

반쯤은 넋이 나간 듯한 홍 대리를 보다 참지 못하고 과장이 책상을 내리쳤다.

"홍 대리! 정신 차려!"

홍 대리의 몸이 순간 움찔했다. 안드로메다 근처까지 날아가서 정처 없이 헤매던 혼백이 그제야 몸 안으로 돌아온 듯했다.

"자네의 포스팅 자체가 문제가 된 건 아니야. 다만, 운이 좀 나빴어."

"죄송하지만, 무슨 일인지 설명을 해주세요."

겨우 정신을 차린 홍 대리는 어떻게 해서든 상황을 정리하고자 안간힘을 다해 노력했다. 자신이 한 일이라고는 어젯밤 퇴근하기 전에 이슈가 될 만한 연예인 중 여배우 사진 한 장을 올린 것밖에는 없었다.

홈페이지에 게재되었던 '상그릴라 호텔에 드라마 촬영차 방문한 한지수'라는 제목을 '한지수는 왜 상그릴라 호텔에 나타났을까'라고 바꿨을 뿐이다. 드라마 내용상 객실과 욕실에서 촬영한 사진 위주로 올렸지만 원래 있는 사진이었다.

그런데 그게 무슨 대수란 말인가? 제목이 선정적이었던 것도 아니고 사생활을 침해하는 내용도 없었다.

발단은 한지수 안티 중 한 명이 자신의 블로그로 사진을 퍼간 것에서부터 시작되었다.

'한지수가 ○○○와 밀회를 즐긴 호텔 사진 올립니다'라는 제목으로 사진 아래에는 '상그릴라 호텔 직원이 직접 밝혔음. 상그릴라 홍보실 직원이 운영하는 블로그에서 가져왔습니다.'라는 내용도 있었다.

기다렸다는 듯 악플이 달리기 시작했고 파도를 넘듯 타고 들어온 안티들이 홍 대리 블로그에도 줄줄이 악플을 달았다.

거기서 끝이 아니었다. 상그릴라 호텔의 홈페이지까지 번져 게시판에 '어떻게 호텔 직원이 배우 사생활을 폭로할 수 있죠?' 등의 항의 댓글이 도배되었다.

하룻밤 새, 순식간에 일어난 일이었다. 인터넷의 위력을 새삼

실감하는 사건이었다.

"사태가 생각보다 심각해."

사태가 얼마나 심각한지 부장과 과장의 표정만으로도 충분히 느낄 수 있었다.

"네… 하지만 블로그에 무엇을 올리든 자유 아닌가요? 게다가 홈페이지에 있는 자료는 무엇이든 써도 좋다고 하셨잖아요!"

홍 대리는 딱딱하게 굳은 표정으로 대꾸했다. 애써 만든 블로그를 폐쇄한다니, 오직 그 말만이 뇌리에 파고들어 사라지지 않았다. 그동안 쏟은 시간과 노력을 생각하면 억울한 것이 사실이었다.

호텔은 이미지를 먹고 사는 세계였다. 단 하나의 사건만으로도 이미지가 떨어지는 것은 하루아침에 일어날 수 있는 일이었지만 한 번 흐려진 이미지를 회복하는 데는 엄청나게 많은 노력이 필요했다. 게다가 지금 사운을 걸고 명랑하고 깨끗한 호텔로 이미지를 쇄신하고 있는 마당에 이런 일이 발생했으니 타격이 이만저만 큰 것이 아닐 터였다.

'블로그 따위 시작하는 게 아니었다고!!!'

그러나 이미 엎질러진 물이다. 영화 필름을 거꾸로 돌리듯 되돌릴 수 있는 것도 아니었다. 벙어리 냉가슴 앓듯 억울하다 해도 누구를 탓할 문제가 아니었다.

방문자 수에만 신경 쓰느라 깊게 생각하지 않고 경솔했던 자신의 탓이었다.

"사실은… 홍 대리가 출근하기 전에 내가 사장님을 만나 뵙고 왔어."

드디어 올 것이 왔구나. 홍 대리는 고개를 숙이고 조용히 기다렸다. 천국에서 지옥으로 떨어진 기분이 어떤 것인지 알 것만 같았다.

부장은 아무 말도 하지 않았다. 홍 대리는 최악의 경우 시말서가 아니라 사직서를 쓸 각오까지 했다.

2장

소셜미디어
환경에 맞는
콘텐츠로 승부하라

호텔 블로그를 맡다

"우리 호텔 블로그, 홍 대리가 책임지고 담당하기로 했어."

"네? 제가요?"

부장의 말에 홍 대리는 놀라서 입을 딱 벌렸다.

"하지만 저한테 그럴 자격이 있나요? 지금도 부장님과 과장님께 죄송할 뿐인데."

"하하하. 덕분에 좋은 공부를 했잖아. 그만큼 열정이 있었다는 뜻이니까. 그래서 내가 자네야말로 적임자라고 사장님께 적극 추천했지."

"사장님께… 직접 추천까지… 부장님께서요? 하지만 부장님도 계시고, 또 저보다는 과장님이…."

"뭐, 어찌됐든 조회수 하나는 엄청났잖아. 그거 의외로 윗분들에게 먹히거든. 나이 들면 말이지 숫자가 좋아지나 봐. 엄청나게 큰 숫자일수록 더. 허허허."

부장이 무거운 홍 대리 마음을 가볍게 해주려는 듯 일부러 과장되게 한쪽 눈을 찡긋했다.

"하지만 결코 좋은 일이 아니었잖아요."

"결과적으로는 그렇지. 하지만 그 일을 겪고 난 후 오히려 현실적으로 감이 더 잡히지 않았어?"

"네. 확실히 다른 생각을 하게 되더라고요."

"비온 뒤에 땅이 더 굳어진다고 하지 않나. 이번 경험으로 배운 게 많았을 거라고 생각해. 게다가 이 과장은 홈페이지를 맡고 있으니 블로그를 맡을 사람은 홍 대리 밖에 없다고. 나도 최대한 도울 테니까 한 번 잘 해봐."

부장도 과장도 홍 대리를 비난하지 않았지만 다들 걸려오는 항의 전화에 일일이 대응하느라 일손을 놓고 있을 정도였다.

호텔 홍보는커녕 당분간 호텔 이름이 온라인상에 오르내리는 것마저 조심해야 할 판이었다.

그런데도 부장은 자신에게 기회를 준 것이다. 홍 대리는 눈물이 날 만큼 감사했다.

'마지막 기회라고 생각하고 최선을 다해야지.'

다행히 며칠 지나자 사건은 더 이상 커질 조짐이 보이지 않고 잠잠해졌다. 스포츠 스타와 인기 여가수의 결혼이 알려지면서 화제가 그쪽으로 넘어간 것이 다행이라면 다행이었다.

잠시 블로그의 재미를 맛보긴 했지만 이 짧은 경험만으로도 홍 대리는 불에 놀란 아이처럼 뜨거운 맛을 본 셈이다.

한 사람을 죽이기라도 할 것처럼 댓글에 달려드는 네티즌들이 마치 불을 보고 뛰어드는 불나방처럼 보였다. 몇몇 악플은 충격적이기까지 했다. 중세의 마녀사냥이 이랬을까, 오싹한 기분까지 들었다.

홍 대리는 가만히 심호흡을 했다.

'한 번에 한 가지씩, 지금 눈 앞의 일만 생각하자.'

지금 할 일은 미아를 만나는 일이었다. 홍 대리는 손가락에 힘을 주어 휴대폰 번호를 꾹꾹 눌렀다.

문제는 블로그의 정체성이야

"그동안 엄청난 일을 하셨네요."

미아의 말에 홍 대리는 고개를 푹 숙였다. 이미 부장으로부터 자세한 사정을 들었을 것이다. 숙제를 제대로 하기도 전에 망쳐 놓기부터 했으니 입이 열 개라도 할 말이 없었다.

부장의 명령으로 왔건 아니건 포기하지 않고 홍 대리가 다시 자신을 만나러 온 것은 분명히 새롭게 배울 각오가 있다는 증거 라고 미아는 생각했다. 포기하지 않고 새로 배울 마음의 준비가 되어 있다는 것, 무엇보다 그 점을 높게 평가하고 싶었다.

"우선 홍 대리님의 블로그에 대한 의견을 나눠보도록 할까 요?"

홍 대리가 오기 전에 미아는 시간을 들여 꼼꼼하게 포스팅을 살펴보았다. 비유하자면 이름만 거창하고 먹을 것은 없는 데다 재료마저 뒤죽박죽 뒤섞여 뭐가 뭔지 알 수 없는 '정체불명 음식점' 같은 블로그였다. 한 마디로 블로그 정체성이 없었다.

아무리 심각한 초보라고는 해도 이 정도면 거의 폭탄을 넘어 테러라는 생각이 들었다. 조회수를 높이고 방문자 수를 늘리기 위해 아무 상관없는 가십거리를 미끼로 쓰는 일은 미아가 가장 저평가하는 포스팅이다.

'어째 나쁜 건 가르쳐주지 않아도 잘 하누.'

속으로 혀를 찼지만 내색하지는 않았다. 누구나 블로그를 처음 시작할 때 쉽게 받는 유혹 중 하나였기 때문이다.

"홍 대리님은 이번 일을 통해서 가장 크게 배운 점이 뭔가요?"

"그게…절대로 '허접한 낚시질'은 하지 말자…요."

미아의 얼굴에 다시 웃음이 돌아왔다.

"좀 더 자세히 말씀해주시겠어요?"

"포스팅을 해도 어찌나 인기가 없던지, 그만 저질러버리고 말았는데…그런데 아무리 방문자가 많아져도 그런 방법은 옳지 못한 것 같아요. 뭐랄까, 공허하다고나 할까. 진정성이 없는 블로그는 오래 가지 못한다는 걸 배웠어요."

"정말 중요한 것, 아니 가장 중요한 것을 배우셨네요."

홍 대리는 그제야 겨우 얼굴을 들고 미아를 보았다. 눈도 마주치지 못하고 있었는데 뜻밖의 격려를 받은 듯한 기분이 들었다.

"비록 비싼 값을 치르긴 하셨지만요. 블로그의 진정성, 이 말을 앞으로도 잊지 마시길 바랄게요."

홍 대리는 고개를 끄덕였다. 그야말로 '피가 되고 살이 되고 뼈가 되는 살아 있는 교훈'을 얻은 셈이다.

끌리는 블로그의 비밀

미아는 홍 대리의 블로그를 살펴보고 느낀 점을 간단하게 말했다. 한 가지 한 가지 짚으며 요목조목 말할 때마다 겨우 들렸던 홍 대리의 고개가 다시 조금씩 아래로 숙여지기 시작했다. 블로그 좀 한다고 우쭐했던 자신이 민망하고 부끄러웠다.

"제가 무엇부터 다시 하면 될까요?"

"처음부터요."

"처음부터…다시 시작이라는 뜻인가요?"

"무슨 일이든 기초가 튼튼해야 오래 가는 법이잖아요."

미아가 생긋 웃으며 말했다.

"블로그는 크게 세 가지 방향에서 생각해볼 수 있어요. 콘텐츠,

운영관리, 관계관리죠. 블로그가 홈페이지나 웹진과는 다르다는
건 이미 알고 계시죠?"

홍 대리가 고개를 끄덕였다. 그러나 '안다고 생각만 했을 뿐'
솔직히 말하면 어떻게 다른 것인지 정말로 알고 있지는 않았다.

"홍 대리님의 블로그는…아이덴티티, 즉 정체성이 없어요."

"정체성요?"

홍 대리는 난감했다.

"인기 있고 유명한 블로그의 특징은 자기 색깔이 뚜렷하다는
공통점이 있어요. 한 마디로 성격이 드러나죠. 우리가 개성 있는
사람들에게 자연스럽게 끌리듯 블로그에도 성격이 있답니다."

처음 듣는 이야기에 홍 대리는 멍한 표정을 지었다.

"제 얘기가 좀 어려웠나요?"

미아는 잠시 팔짱을 끼고 생각에 잠겼다.

"사람한테 비유해보자면 아기가 태어나자마자 인격을 갖춘 사
람으로 바로 성장하는 것은 아니잖아요. 자신의 힘으로 살아갈
수 있을 때까지 부모의 헌신이 필요하죠. 때로는 애정도 필요하
지만 때로는 따끔한 질책도 해야 하고, 안전한 공간을 마련해줘
야 해요. 반면 독립심을 키우기 위해 모험을 격려해야 할 시기도
있죠. 슬픔과 기쁨을 맛보며 많은 경험을 한 후에야 자신만의 캐
릭터가 드러나기 시작하죠."

홍 대리는 자신의 쌍둥이 조카를 떠올렸다. 얼핏 보면 얼굴도 하는 짓도 말도 비슷했지만 확실히 둘은 달랐다.

"누구도 똑같은 사람이 없듯 수많은 블로그도 다 제각각 고유한 색깔이 있답니다."

"그러고 보니 제 블로그는 '성격'이라고나 할까, 특징이 없었던 것 같아요."

"너무 성급한 판단일 수도 있어요. 한 달도 채 안 했으니까요. 생후 1개월 된 아기나 마찬가지인걸요. 로마가 하루아침에 이루어지지 않았듯 유명 블로그도 하루 아침에 만들어지는 건 아니죠. 애정을 갖고 꾸준히 관리해야 해요."

포스팅만 많이 올리면 전부라고 생각했다. 블로그의 정체성을 고민하는 일은 상상도 하지 못했다.

처음부터 배워야 할 것이 너무 많았다.

블로그 개설을 위한 3단계

"블로그를 개설할 때 첫 번째 단계는 블로그 네이밍과 카테고리 구성, 그리고 디자인을 결정하는 '아이덴티티 수립'이에요. 먼저 블로그 네이밍부터 살펴볼까요?"

홍 대리는 미아의 이야기를 좀 더 잘 듣기 위해 허리를 펴고 자세를 바로 했다.

"블로거들이 자신의 닉네임으로 불리는 것처럼 블로그 네이밍은 블로그의 전체 특징을 보여줄 정도로 중요한 것이에요. 블로그 네이밍에는 세 가지 방법이 있어요. 첫 번째는 누가 운영하는 블로그인지 바로 알 수 있도록, 예를 들면 〈상그릴라 호텔〉이라는 이름을 그대로 쓰는 것이죠. 두 번째는 이미지를 반영해서 만드는 방법이고, 세 번째는 두 가지를 모두 반영해 조금 긴 이름으로 정하되 줄임말로 궁금증을 유발하는 방법 등이 있어요. 홍 대리님은 블로그 이름을 '차차'라고 지으셨는데 무슨 뜻인가요?"

칭찬받아서 지은 거라고 말하기엔 너무나도 창피한 노릇이었다.

"그러니까, 저기, 다 함께 차차차를 줄여서 차차라고…."

홍 대리의 말을 듣자마자 미아가 어색하게 웃었다.

"개인 블로그는 어떤 이름이어도 괜찮아요. 하지만 기업 블로그는 상황이 다르죠. 블로그의 이름은 얼굴과 같아요. 회사 이름은 몰라도 상품명은 알고 있듯 일종의 브랜드 같은 역할을 하니까요."

"사람 이름하고도 비슷하네요. 홍미루라는 제 이름에서 떠오르는 이미지가 있는 것처럼요."

"그렇다고도 볼 수 있겠네요. 하지만 홍 대리님이 앞으로 운영할 블로그는 개인 블로그가 아니라 기업 블로그이다 보니 호텔 이름을 그대로 쓰면 기존 조직의 이미지 때문에 브랜딩 과정에서 제약이 있을 수도 있어요. 호텔의 정체성을 반영하면서도 친숙하게 느껴지는 네이밍이 필요해요."

홍 대리는 잠시 생각에 잠겼다. 이름부터 다시 고민해야 할 문제였다.

"지금 당장 이름을 정하긴 어렵죠? 숙제로 내드릴게요. 다음

주까지 저한테 메일로 보내주세요. 함께 고민해봐요."

홍 대리는 혼자가 아니라는 생각에 든든함을 느꼈다. 미아한테 보내기 전 부장, 과장과 함께 의논해봐야겠다는 생각을 했다.

"두 번째, 카테고리인데요. 블로그 이름만큼이나 카테고리도 중요해요. 그것만 훑어봐도 블로그의 정체성을 알 수 있을 정도 니까요. 그런데 '차차'는 카테고리가…."

미아는 말을 멈추고 난감하기 그지없는 표정을 지었다.

"보랏빛 소가 온다, 청춘 아미고, 나무들 비탈에 서다, 뭐가 뭔 지도 알 수 없고, 알고 싶은 생각도 안 드네요."

냉정한 평가였지만 홍 대리는 어떤 반론도 할 수가 없었다.

"카테고리를 정할 때도 몇 가지 규칙이 있어요. 블로그의 특성 을 살리되 카테고리별 특징이 한눈에 들어오도록 명확하게 분류 해야 해요. 즉, 서너 개의 카테고리만으로도 포스팅 내용 전체를 짐작할 수 있도록 만드는 것이죠."

홍 대리는 얼굴이 빨개졌다.

"카테고리는 많을수록 좋은 건 줄 알았어요."

기어 들어갈 만큼 작은 목소리로 홍 대리가 말했다. 전하고자 하는 내용이나 방문자가 원하는 정보를 쉽게 찾는 지표 역할로 보기보다 그저 독특하고 특이한 이름을 생각해내는 것에만 급급해서 애당초 카테고리가 왜 있어야 하는지 목적조차 잊어버렸던 것이다. 그야말로 주객이 전도된 상황이었다.

"이름만 들어도 어떤 내용의 포스트가 있는지 알 수 있을 만큼 쉽고 친근하되 명료한 것이 좋아요. 전하고자 하는 콘텐츠 내용에 맞추되 너무 딱딱하지 않게요. 카테고리 네이밍을 구성하는 것이 두 번째 숙제입니다."

"그렇다면 호텔과 관련 없는 내용은 아예 포스팅을 안 하는 게 나을까요?"

"꼭 그렇다고는 볼 수 없어요. 어떤 식으로 스토리텔링을 하느냐가 관건이죠. 만약 상그릴라 호텔이 운영하는 블로그에 호텔과 직접 관련된 포스트만 올린다고 생각해보세요. 호텔의 역사, 공지사항, 이벤트 등 홈페이지와 다를 게 뭐가 있겠어요?"

정말 그랬다. 굳이 블로그를 할 필요조차 없을 것만 같았다. 사람에 비유하면 FM이라서 착실하지만, 매력도 없고 재미도 없는 사람 느낌이라고나 할까.

"상그릴라 호텔엔 어떤 사람들이 고객으로 주로 오시나요?"

"딱 한 가지로 말하기는 힘들어요. 워낙 다양한 분들이 오시니까."

"바로 그거에요. 다양한 시각. 고객의 눈으로 한 번 보세요. 블로그는 일방적인 홍보매체가 아니라는 거 아시죠? 늘 상대가 원하는 것이 무엇인지 먼저 생각해보는 것 잊지 마시고요."

홍 대리는 이것 또한 잊지 않으리라 생각하며 가슴 깊이 새겨 넣었다.

"마지막으로 디자인을 살펴볼까요. 홍 대리님은 블로그 디자인에 대해 어떻게 생각하시나요?"

"멋있고, 눈에 띄고…."

"그래서 블로그 아이덴티티와는 아무 상관없는 그림들을 가져와서 깔아놓으셨군요?"

미아가 짓궂게 물었지만 사실이었다.

"사람에게 첫인상이 중요하듯 블로그도 첫 이미지가 중요해요. 블로그의 디자인은 원하는 컨셉에 맞춰 새롭게 이미지를 구축할 수도 있죠. 블로그 서비스 업체에서 기본적인 스킨 이미지를 제공하더라도 필요하다면 기업의 블로그 특징을 나타내는 디자인을 적용하는 게 더 효과적이에요."

블로그 이름과 카테고리, 디자인을 다시 생각해보는 것만으로도 자신이 일하는 호텔에 대해 더 깊이 생각하고 고민하는 과정이 되리라는 생각이 들었다.

　홍 대리는 다시 의지를 되새겼다. 이번에야말로 반드시, 제대로 된 블로그를 만들어보고 싶다는 생각이 들었다.

블로그도 요리하듯

"참, 그리고 질문이 하나 있는데, 그동안 엄청난 양의 포스팅을 어떤 계획에 따라 올리셨나요?"

"네?"

미아의 갑작스러운 질문에 홍대리는 당황했다.

"특별히 정해놓거나 계획을 세우지는 않았어요. 포스팅은 홈페이지에 있는 것과 사보, 브로셔에 있는 내용을 틈날 때마다 긁어서 모두 보기 좋게 이미지로 올렸어요. 많을 때는 하루에 열 개도 올리고. 바쁘면 그냥 지나가는 날도 있고. 아! 새로운 이벤트나 소식이 있으면 바로바로 올렸지요!"

포스팅을 계획에 따라 올린다는 이야기도 금시초문이었다.

'블로그 포스팅은 시간이 날 때 하거나 올리고 싶을 때 올리는 게 아니었나?'

"홍 대리님 요리 잘 하세요?"

"요리요? 라면은 좀 끓이는데…."

갑자기 화제를 바꿔 요리 이야기를 꺼내는 이유를 몰라 홍 대리는 엉겁결에 대답하고는 미아를 바라보았다.

"오, 맛있게 끓이는 비법이라도 있으신가요?"

"가장 중요한 건 물의 양이지요. 특히 저는 면을 넣기 전에 물과 스프를 같이 넣고 끓여요. 그리고 마지막으로 풋고추와 파를 넣는데요."

미아가 묻는 대로 대답하면서도 홍 대리는 아직도 질문의 요점을 파악하지 못하고 있었다. 갑자기 라면이 먹고 싶어졌을 뿐이다.

"라면 하나를 끓이는데도 자신만의 요리법이 있지요. 기본으로 라면 끓이는 법이 있지만 살짝 변화를 주는 것만으로도 다양하고 맛있는 라면이 나오잖아요? 하지만 아무렇게나 끓일 수는 없죠. 기본적으로 지켜야 하는 법칙이 있으니까."

"아! 블로그도 요리법처럼 계획에 따라 운영되어야 한다는 건가요?"

그제야 감을 잡은 홍 대리가 눈을 반짝이며 물었다. 미아는 고개를 끄덕이며 말을 이었다.

"라면을 끓이는 다양한 요리법이 있지만 라면보다 반드시 물을 먼저 끓여야 하는 법칙이 있는 것처럼 블로그 운영을 할 때도 '체계적인 가이드라인'이 필요해요. 가이드라인은 크게 기획 포스트, 댓글, 트랙백, 방명록 등의 커뮤니케이션 정책과 온라인 모니터링 및 위기관리의 정책을 수립하는 것 두 가지로 나눌 수 있어요. 포스트 등록 역시 한꺼번에 포스트를 올리는 방법도 있지만 매일 꾸준히 올리는 게 더 좋아요. 그런 블로그일수록 블로거들에게 신뢰를 쌓을 수 있죠."

홍 대리는 고개를 끄덕였다.

'무조건 많이 올린다고 좋은 것만은 아니었구나.'

포스팅을 올리는 것에도 계획이 필요하고 노하우가 있었던 것이다.

"그리고, 아까 포스팅할 때 거의 대부분을 이미지로 올렸다고 하셨죠?"

"네."

"블로그는 텍스트로 검색되는 경우가 대부분이라고 해도 과언이 아니에요. 텍스트를 모두 이미지로 처리한 경우에는 검색이 되지 않아요. 그동안 포스트가 많았지만 방문자 수가 적었던 이유 중 하나일 수 있겠네요."

"아! 그랬구나!"

홍 대리는 자신도 모르게 손으로 이마를 쳤다.

"블로그를 운영할 때 가장 중요한 기초로 삼아야 하는 건 뭐라고 생각하세요?"

"좋은 포스팅요?"

"콘텐츠도 물론 중요하지만 그보다 더 기본이 되어야 하는 건 성실한 계획과 꾸준한 관리에요. 아무리 정성을 쏟고 열심히 관리해도 생각과 다르게 아무 반응이 없을 수도 있죠. 하지만 그 순간 포기하면 블로그는 버림받는 게 되어버려요."

버림받은 블로그라니, 말만 들어도 쓸쓸한 생각이 들었다. 홍 대리는 절대로 유령 블로그를 운영하고 싶지는 않았다.

"그래서 주간, 월간 계획이 필요하죠. 특히 기업 블로그는 개인 블로그와는 달리 체계적인 운영이 절대적으로 중요하니까요."

"체계적인 운영이요?"

"개인 블로그는 블로그의 주체와 운영자가 동일하기 때문에 포스트 내용이나 댓글, 트랙백 등 운영에 관한 모든 것을 개인이 관리하고 책임집니다. 하지만 기업 블로그는 주체가 기업이죠."

107

"태생적으로 블로그의 주체와 운영자가 다를 수밖에 없다는 말씀인가요?"

"이해가 빠르시네요. 맞아요. 그래서 운영을 위한 가이드라인이 필요하답니다."

홍 대리는 고개를 끄덕였다.

"체계적인 운영이라고 해서 거창한 것은 아니에요. 포스트를 올리고 매일 댓글을 달고 방명록과 트랙백을 관리하는 것이죠. 하지만 노력이 필요해요. 요약해서 말하자면 '노력과 규칙'이 필요하다는 거죠."

'노력과 규칙!'

홍 대리는 잊지 않고 기억하기 위해 마음속으로 몇 번이나 반복했다.

"그럼 저희 호텔 블로그도 가이드라인을 따로 만드는 게 좋을까요?"

"그럼요. 정해진 원칙에 따라 운영하되 댓글이나 트랙백을 통해 커뮤니케이션을 하고 다른 블로거들과 관계를 유지해야 해요. 무엇보다 댓글과 트랙백을 적절하게 활용하면 자연스럽게 관계를 넓혀갈 수 있어요. 자연스럽게 상그릴라 호텔을 홍보하는 효과가 생기죠."

"저기, 댓글은 알고 있는데 트랙백은 뭔가요?"

너무 초보스러운 질문이라 창피하긴 했지만 내친 김에 물었다.

"트랙백은 '엮인 글'이라고 생각하면 돼요. 편의상 상대방의 블로그를 A라고 하고 내 블로그를 B라고 해볼까요. A의 특정 포스트에 대한 의견을 B에 작성한 후 다시 A의 포스트에 역으로 링크를 남기는 방식이죠."

"아, 그것 참 멋지네요. 하나의 주제에 대해 다양한 의견을 알 수 있을 테니 말이에요. 이것도 SNS의 특징 중 하나로, 일종의 소통과 공유라고 볼 수 있나요?"

홍 대리는 신이 나서 말했다.

"그렇죠. 댓글뿐만이 아니라 트랙백을 통해서도 소통하고 공유하는 관계를 맺을 수 있으니까요."

창피함을 무릅쓰고 물어보길 잘했다는 생각이 들었다.

"그럼 아까 말씀으로 돌아가서요, 가이드라인이 왜 그렇게 중요한가요?"

"일관성을 유지하기 위해서죠. 기업 특성에 맞는 가이드라인을 만들어 관련 직원 모두 반드시 공유해야 하고요."

홍 대리는 이제야 어떤 식으로 블로그를 만들고 운영해야 할지 조금 감이 잡히는 것 같았다.

마구잡이식의 반짝 블로그가 아니라 오래 살아남는 블로그를 운영하려면 구체적인 체계를 잡고 꾸준히 돌보는 것이 얼마나 중요한 일인가 하는 것을 깨달은 것이다.

"생텍쥐페리의 『어린 왕자』 아시죠? 어린 왕자가 자신의 장미를 위해 벌레도 잡아주고 유리 뚜껑도 덮어주는 내용이 나오죠. 그렇게 어린 왕자가 자신의 장미를 키우듯 블로그를 돌보는 섬세함이 필요해요. 씨앗을 심기만 한다고 당장 싹이 트는 건 아니잖아요. 너무 많이 물을 주거나 오래 햇볕을 쬐게 해도 잘 자라기는커녕 오히려 죽을 수도 있거든요."

가만히 듣고 있는 홍 대리를 보며 미아는 한층 부드러운 목소리로 말했다.

"블로그도 마찬가지에요. 블로거들의 반응을 얻고 블로그들의 집합이라 할 수 있는 블로고스피어에 정착하려면 시간을 충분히 들이며 꾸준히 돌봐야 한답니다."

블로그가 진짜 어떤 것인지 제대로 알려고 하지도 않고 무작정 포스팅만 올리면 전부라고 생각했던 자신이 심히 부끄러웠다. 본질은 모른 채 수박 겉핥기식으로 조금 맛본 것만으로 우쭐했던 심정을 생각하면 우습기 그지없는 일이었다.

홍 대리는 헤어지기 전에 미아와 나눴던 대화를 다시 떠올려보았다.

"앞으로 잘 부탁드립니다. 제가 그동안 너무 오만한 점이 많았어요. 오늘 장 이사님께 크게 배우고 갑니다."

멘토의 핵심 가이드라인 ②
블로그는 어떻게 운영해야 할까?

기업 및 단체의 블로그라면, 블로그 개설 전에 블로그 운영 가이드라인 매뉴얼을 구축해놓아야 합니다. 가이드라인 매뉴얼은 지속적인 블로그 운영을 위한 기초 자료가 될 뿐 아니라, 블로거들과의 신뢰도 향상을 위한 초석이 되기 때문이지요.

블로그 가이드라인 매뉴얼에 작성되어야 할 기본 요소는 아래와 같으니 참고하세요.

블로그 가이드라인 매뉴얼 목차	주요 내용
1. 블로그 운영 목표 및 전략	
2. 블로그 기획 가이드라인	(1) 모니터링 가이드라인 (2) 기획안 구성 가이드라인 (3) 이슈관리 프로그램 가이드라인
3. 블로그 포스트 작업 가이드라인	(1) 네이밍/로고 기본 가이드라인 (2) 카테고리 기본 가이드라인 (3) 포스트 제목 가이드라인 (4) 포스트 콘텐츠 가이드라인 (5) 포스트 디자인 및 편집 가이드라인 (6) 이벤트 운영 가이드라인 (7) 운영 관리(댓글/트랙백/방명록) 　　가이드라인 (8) 블로그 조직 운영 가이드라인
4. 홍보운영 및 효과측정 가이드라인	(1) 메타/포털 블로그 연계 홍보운영안 (2) 연계 소셜미디어 리스트 작성 및 　　홍보운영안 (3) 효과측정 가이드라인

SNS 관련 용어 및 기능에 관한 자세한 설명은 'SNS 천재가 된 홍대리' 블로그(www.snshong.com)에서 보실 수 있습니다.

멘토의 핵심 가이드라인 ③

댓글, 트랙백, 저작권 관리는?

블로그는 댓글이나 트랙백을 통해 커뮤니케이션을 하고 다른 블로거들과 관계를 유지하는 활동이 매우 중요합니다. 특히 기업 블로그는 한 개인이 아닌 여러 사람이 관리하거나 담당자가 변경될 수도 있으므로 기본적인 운영 가이드라인을 정해 놓는 것이 필요합니다.

아래 댓글 및 트랙백 가이드라인을 토대로 기업에 따라 조율해서 운영하는 것이 좋습니다.

1. 댓글 가이드라인

1) 답글은 평일 기준 24시간 이내에 최대한 신속하게 올립니다.

2) 상투적인 답글보다 친근하게 다가가는 감성적인 말투를 쓰되 개인이 아닌 호텔의 입장을 대변해 작성합니다.

3) 지나친 욕설이나 비방, 음란 광고성 댓글은 다른 방문자에게 불쾌감을 주므로 삭제합니다. (단, 관리자에 의해 임의로 삭제될 수 있음을 미리 밝혀둘 것)

4) 주의사항

  - '저' '나'와 같은 개인적인 단어는 자제할 것

  - 감정적인 답글은 자제할 것

2. 트랙백 가이드라인

1) 트랙백은 단순히 댓글이 아닌 하나의 글로 인식합니다.

2) 관련된 내용의 포스트에 엮을수록 노출 효과가 크므로 관련되지 않는 글에는 트랙백을 함부로 엮지 않습니다.

3) 수시로 트랙백을 확인하며 관련 없을 경우에는 바로 삭제합니다.

4) 트랙백을 보낸 블로거의 블로그를 답방해 관계를 유지합니다.

5) 한번 남기면 삭제되지 않으므로 신중을 기하세요.

3. 저작권 가이드라인

1) 저작물 이용 방식이 저작권법상으로 허용되는 방식인지 확인하고 저작권자에게 저작물 제목과 이용하려는 방법 등을 자세히 알리고 이용에 대한 허락을 받습니다.

2) 허락 받은 범위내에서만 이용하되 저작권자의 의사에 따라 저작권자 표시 및 출처 표시를 명확히 합니다.

3) 직접 촬영하지 않았거나 만들지 않은 그림, 사진, 캡처에는 워터마크를 삽입하지 않습니다.

4) 이용을 허락받은 경우라 해도 콘텐츠를 왜곡하거나 변형하지 않습니다.

5) 좀 더 자세한 저작권 관련 사항은 www.copyright.or.kr을 참조하세요.

SNS 관련 용어 및 기능에 관한 자세한 설명은 'SNS 천재가 된 홍대리' 블로그(www.snshong.com)에서 보실 수 있습니다.

블로그의 이름을 정하다

"홍 대리, 30주년 이벤트 준비는 잘 되가?"

"네. 몇 가지 안건이 있는데요."

회의 시간에 홍 대리는 30주년 이벤트와 함께 블로그의 운영 방침에 대해 다양한 안건을 내놓았다. 석 달 정도의 준비기간을 거쳐 블로그를 오픈한지 두 달째였다.

시간이 어떻게 지났는지 모를 정도로 빠르게 흘렀다. 하지만 홍 대리에게는 의미 있고 충실한 나날들이었다. 블로그 이름으로 〈상그릴라 이야기〉와 〈지상낙원〉을 놓고 고민했던 것도 벌써 여러 달 전이다. 그때 일을 떠올리면 지금도 빙그레 웃음이 났다.

"부장님, 상그릴라 이야기와 지상낙원 중에서 뭐가 더 좋을까요?"

"지상낙원이 낫지 않아?"

"왜요?"

"우리 호텔 이름인 상그릴라가 원래 지상낙원이라는 뜻인데다가 고사성어 같아서 간단하고 임팩트 있게 느껴지잖아."

"그런가요?"

"난 상그릴라 이야기가 더 좋은데요."

과장은 반대 의견을 보였다.

"왜요?"

"친근하고 감성적으로 느껴지잖아. 호텔 이름도 스트레이트로 들어가고. 광고 효과도 더 크지 않을까?"

"듣고 보니 그것도 그렇네요. 아우, 어떻게 한담."

홍 대리는 둘 중에서 한 가지를 결정하기가 힘들었다. 고민 끝에 미아의 의견을 들어보기로 했다. 미아와 이야기를 나누면 뭔가 새로운 발상이 떠오를 것 같았다. 휴대폰의 벨이 몇 번 울리기도 전에 미아의 목소리가 들렸다.

"네. 홍 대리님."

"블로그 이름 때문에 조언을 구하고 싶어서요."

"벌써 숙제 검사를 해야 하나요?"

미아의 농담에 홍 대리는 한 바탕 웃고 이야기를 꺼냈다. 홍 대리의 이야기를 들은 후 미아는 잠시 생각하는 듯하더니 바로 대답을 했다.

"제 개인적인 의견으로는 상그릴라 이야기도 호기심을 자극하고 호텔 이름도 알려지니 나쁘진 않아요. 그런데 뭔가 모호한 느낌이네요. 지상낙원으로 하되 카테고리와 연관시켜 글자 하나하나에 새로운 의미를 부여해보면 어떨까요."

"새로운 의미라면요?"

"예를 들면, 일반적인 의미의 지상낙원 말고 지식의 '지知'를 써서 알아야 할 공지를 넣는 범주로 이용한다던가."

홍 대리의 머릿속에 반짝 전구가 켜졌다.

"장 이사님! 천재 맞으시죠?"

"네? 하하하. 제가 그렇게 큰 도움이 됐나요?"

"네. 엄청 많이요. 덕분에 재미있는 아이디어가 생각났어요."

역시 멘토는 좋은 것이다. 갑자기 일 하는 속도가 빨라지기 시작했다. 홍 대리는 미아가 자료로 제시한 블로그 가이드라인을 다시 한 번 살펴보면서 카테고리를 작성했다.

블로그 이름 〈지상낙원〉

카테고리
지知
– 상그릴라 이야기
– 상그릴라 사람들
상想
– 여행&요리
– 문화&비즈니스
낙樂
– 동영상&사진
– 블로거들의 호텔 이야기
원願
– 공지사항
– 이벤트

생각할수록 뿌듯했다. 그때 초안을 잡은 대로 홍 대리가 전적으로 책임지고 맡은 블로그는 오늘까지 큰 변화 없이 유지되고 있었다. 포스팅 계획도 착실하게 세워 날짜별로 한두 개씩 꾸준히 올리고 있었다.

아직은 유명세를 타지 않아 방문자가 많은 편은 아니었지만 무리하게 욕심을 내기보다 당분간은 꾸준한 포스팅으로 내실을 기하자고 생각했다.

"음, 이거 좋은데."

부장은 홍 대리가 내놓은 30주년 기념행사 중의 하나로 열릴 SNS 이벤트 중에서 '인증샷'을 골랐다. 상그릴라 호텔의 다양한 곳에서 인증 사진을 찍고 사연을 올리면 스위트 룸 1박 체험 등 다양한 경품을 5쌍 총 10명에게 주는 행사였다.

"저도 그게 제일 좋은데요."

과장도 재미있다는 의견을 보였다. 홍 대리도 제일 밀고 싶은 안건이었다. 요즘 들어 홍보팀 내부 의견이 척척 맞는 경우가 많았다.

'내가 트위터를 해서 그런가?'

말투와 성격, 취미 생활 등을 자연스레 알게 되면서 서로 이해하는데 많은 도움이 되었다.

그뿐이던가, 이제는 맞팔도 몰라 소외당했던 홍 대리가 아니었다. 처음엔 과장의 도움으로 트위터를 시작했지만 지금은 당당하게 부장과 맞팔하는 사이였다. 그래서인지 홍보팀 분위기도 예전에 비해 훨씬 소통이 부드러워지고 공감하는 분위기가 생겨났다.

　"그럼 30주년 기념 이벤트는 인증샷으로 하겠습니다."

　"그리고 내일 오후에 있을 드라마 촬영 협조 건은 어떻게 돼가고 있지?"

　"계획대로 진행 중이에요."

　과장이 대답했다. 현재 인기리에 방영되고 있는 드라마의 촬영 장소로 협찬을 하는 것도 호텔 홍보에 도움이 될 것 같았다. 방송이 되면 포스팅도 할 예정이었다.

　"그런데 드라마가 좀…."

　과장이 조금 곤란하다는 듯 살짝 미간을 좁혔다.

　"드라마가 왜?"

　"인기는 굉장히 많은데 막장 드라마라고 욕먹고 있거든요."

　"아, 그 시끄러운 드라마요. 그거 진짜 말도 안 되는…."

　"흠흠, 드라마가 다 그렇지, 뭐, 막장 드라마라고 별거겠나. 자자, 일들 하자고."

　부장이 먼저 자리에서 일어났다.

흥미를 끄는 글은 어떻게 써야 하나?

드라마 촬영으로 인해 모두 아침부터 바빴다. 주변에 있던 사람들까지 몰려오는 바람에 생각보다 혼잡한 분위기였고 몇몇 방송국과 신문사에서도 취재를 하러 왔다. 촬영은 생각보다 오래 걸렸다.

'같은 장면을 다른 각도에서도 또 찍는구나. 같은 연기를 여러 번 하려면 배우들도 힘들겠네.'

포스팅을 한다는 목적으로 일은 안 하고 여기에 있었지만 현장에 있는 건 자신만이 아니었다. 진행을 담당한 과장은 물론 총책임이라는 명목 아래 부장까지 와 있었다.

'아니, 여기 다 와 있으면 사무실은 누가 지키냐고요!'

홍 대리는 이것을 어떻게 써서 포스팅 해야 좋을지 고민이었다.

포스팅은 늘 어려웠다. 소재를 참신하게 바라보려는 노력은 하고 있었지만 아직도 전체적인 글의 분위기가 딱딱하게만 느껴졌다. 확실히 처음에 썼던 글에 비하면 조금씩 늘고 있기는 했지만 '손이 아닌 발로 쓴 듯한' 예전 포스팅을 볼 때마다 당장 내리거나 비공개로 돌리고 싶은 마음이 들었다.

'어떻게 해야 흥미를 끄는 글을 쓸 수 있을까.'

똑같은 소재를 가지고도 전혀 다른 글이 나올 수 있었다. '스토리텔링'의 중요성도 알았고 미아에게 조언을 듣기도 했지만 이론을 알고 있는 것과 실제로 글을 써서 포스팅을 하는 것은 다른 문제였다.

'난, 그 방면으론 아무래도 재능이 없나봐.'

홍 대리는 언제쯤 자신도 글을 잘 쓰게 될 수 있을지, 과연 그런 날이 오기는 할지 심란해졌다.

블로그를 열기 직전에도 미아를 만나 포스팅에 대한 어려움을 토로했었다.

"블로그 포스팅이라는 방향성만 잊지 않으면 돼요. 보도자료나 기획안을 올리는 게 아니니까요. 블로그 포스팅에 가장 중요한 핵심 사항을 알려드릴게요."

홍 대리는 왠지 미아가 멋져 보였다. 자신도 언젠가는 HBN3(홍 대리의 블로그 노하우 세 가지)를 만들어서 이 분야에 대해 자신 있게 핵심을 짚어줄 수 있는 사람이 되고 싶다는 생각을 했다.

"첫 번째는 주제 선정이에요. 주제는 이슈와 키워드 두 가지를 고려해 만듭니다. 이슈만을 생각해 상그릴라 호텔과는 아무 관련 없는 포스트를 만드는 건 주의해야 해요."

홍 대리는 몰래 얼굴이 붉어졌다. 초기 블로그를 했을 무렵 자신의 '낚시질'이 생각났기 때문이다.

"콘텐츠는 블로거들이 공감할 수 있는 주제로 구성하되 호텔과 직간접적으로 연관성이 있는 게 좋아요. 즉 각 포털 사이트의 주요 키워드를 바탕으로 최근 이슈를 파악한 후 호텔의 주요 행사나 블로거들에게 알려야 할 소식, 언론보도 계획 등을 확인한 후 주제를 만드는 거죠."

"그때그때 이슈가 되는 사회의 관심과 우리 호텔 이야기를 결합하는 게 필요하겠네요?"

"그렇죠. 나중에 좀 더 역량이 쌓이면 블로그로 이슈를 만들어내는 것까지 가능해지지요."

"블로그로 이슈를 만들어낸다고요?"

홍 대리는 눈을 동그랗게 떴다.

"그런 일도 가능하게 될까요?"

"홍 대리님을 믿어볼게요."

미아가 함박웃음을 지으며 말했다.

믿어준다니 용기가 생기기도 했지만 과연 그렇게 큰 일을 해낼 수 있을지 가슴이 떨렸다.

"사실 글쓰기도 글쓰기지만 무엇을 써야할지도 막막해요."

"이미 알고 계시잖아요."

"제가요? 뭘요?"

홍 대리는 자신이 무엇을 알고 있는지 잠시 생각해봤지만 알수가 없었다. 포스팅을 하려고 모니터 앞에만 서면 막막해지는게, 가슴에는 백 년은 묵은 듯한 한숨만 들어 있는 것 같고, 자신의 머리는 채석장의 깨지지 않는 돌인 것만 같았으니 말이다.

"포스팅을 하실 땐 개인 블로그가 아니라 호텔을 대표하는 블로그라는 걸 명심하세요. 주제나 정보의 객관성이 중요한 거죠. 사적인 감정이 담겨 있거나 노골적으로 상업적인 주제는 되도록 사용하지 않는 것이 좋겠죠?"

"포스팅을 위한 포스트는 자제하라는 말씀이군요."

"네. 유혹에 자주 빠지다보면 점점 블로그의 정체성이 사라지거든요."

"눈앞의 작은 고기만 보다가 더 큰 것을 놓치는 셈이네요."

홍 대리의 비유에 미아가 재미있다는 듯이 웃었다. 홍 대리는 자신이 호텔을 대표해서 호텔에 대한 생각과 관심, 의견 등을 포스트를 통해 하나씩 표현해나간다는 생각이 들었다. 어깨가 좀 더 무거워졌다.

블로그스피어에 맞게 올리라고?

"두 번째는 블로그스피어에 맞는 포스트를 써야 한다는 거예요."

홍 대리가 몇 달 전에 이 말을 들었다면 '뭘 부르라고?'라며 눈만 껌벅였을 것이다. 하지만 지금은 자신도 능숙하게 사용하고 있는 단어였다. 처음엔 블로그에 올리는 내용을 '포스트'라고 하는 것도 몰랐다. 포스트가 블로그에 올릴 내용, 즉 콘텐츠라면 포스트를 블로그에 올리는 행위는 '포스팅'이었다.

블로그는 긴밀하게 연결되어 있는 우주와 같은 세계였다. 블로그를 하는 사람들을 '블로거'라고 하고 개별 블로그들을 하나로 묶어 보여주는 블로그 포털 사이트를 메타 블로그Meta Blog 라고 한다. 그리고 블로그를 통해 소셜 네트워크처럼 서로 연결되어 있는 모든 집합체를 블로고스피어Blogosphere라고 한다.

홍 대리는 블로고스피어가 거대한 전자 도서관 같다는 생각을 했다. 세상의 수많은 정보를 담고 있는 책들이 빼곡히 들어 있고 검색만 하면 그 많은 책들 중에서 비슷한 주제를 자동으로 찾아 주는 도서관.

블로고스피어에 대해서는 이해했지만 문제는 포스트였다. 하나의 포스트를 쓰는 일이 책을 한 권 쓰는 것만큼이나 자신에게는 어려운 일이었다.

"블로그는 글을 통해 대화하는 거예요. 기본적으로는 문어체지만 적절하게 구어체를 활용하는 것이 노하우죠. 홈페이지나 보도자료처럼 딱딱한 어투는 읽을 때 부담스럽잖아요? 거리감이 느껴지면 그만큼 내용을 전달하기가 힘들어져요."

"그럼 사보나 보도자료와 주제가 같거나 같은 내용이라고 해도 포스팅할 때는 보다 친근하고 재미있게 읽을 수 있도록 다시 매만져야겠네요?"

홍 대리는 또다시 예전 생각이 나서 머리를 긁적였다. 블로그 글쓰기라는 개념조차 없이 홈페이지에 있던 글을 그대로 '긁어 복사하다시피' 해서 올린 적이 많았기 때문이다.

"그렇죠. 이때도 역시 잊지 말아야 할 점은 상그릴라 호텔의 블로그인 '지상낙원'은 개인 블로그가 아니라는 점입니다. 각각의 포스트는 호텔의 이미지로 연결되니까요. 친근하게 표현한다고 해서 줄임말이나 신조어, 외계어를 남발하는 건 좋지 않죠. 반말이나 욕설도 절대로 안 됩니다. 오탈자를 확인하는 건 기본이고요."

홍 대리는 그동안 자신이 써왔던 글들을 생각하며 고개를 끄덕였다.

멘토의 핵심 가이드라인 ④
메타블로그의 활용 방법은?

블로그를 오픈만하면 포스트가 자동적으로 포털 사이트에 인기글로 노출될 거라 생각하면 큰 오산입니다.
혼자만 즐기는 블로그가 아니라면 그리고 더 많은 방문자를 기대한다면, 블로그 포털이라 할 수 있는 '메타블로그'에 등록하는 것이 좋아요.
메타블로그는 수많은 블로그를 일목요연하게 모아놓은 곳으로, 메타블로그 관리만 잘해도 더 많은 블로거들의 관심을 모을 수 있습니다.
블로그를 오픈하면 아래 메타블로그 중 원하는 메타블로그에 가입하세요. 이후 작업한 포스트를 해당 메타블로그에 발행하면 됩니다

〈대표적인 메타블로그의 특징〉

	주요특징
Dɑ͏m viewᵇ **다음view** v.daum.net	포스트 작성 시마다 트랙백을 보내 수집하는 방식으로 운영되며 주요 카테고리는 라이프, 문화/연예, IT/과학, 스포츠, 경제, 시사이다. 블로그 기자단을 주축으로 활발한 활동을 벌이고 있다.
allBlog **올블로그** www.allblog.net	블로그로부터 정보를 수집하고 정리하여 하나의 사이트 형태로 제공하는 일명 블로그 허브 사이트이다.
mixsh **믹시** mixsh.com	사이트 내부에서 포스트에 대한 피드백을 남기게 되면 블로그에 트랙백이 걸리는 기능이 있어 커뮤니케이션 기능이 뛰어나다.
Opencast **네이버 오픈캐스트** opencast.naver.com	캐스터(운영자)가 관심 있는 블로그나 뉴스 등 웹문서의 링크만을 수집해 보여주는 서비스로 로그인 전에는 다양한 캐스트들이 순차적으로 노출되고 로그인 후에는 마이캐스트 메뉴가 활성화 되면서 자신이 구독 중인 캐스트의 확인이 가능하다.

SNS 관련 용어 및 기능에 관한 자세한 설명은 'SNS 천재가 된 홍대리' 블로그(www.snshong.com)에서 보실 수 있습니다.

편집의 힘

"홍 대리님은 다른 블로그를 처음 방문했을 때 뭐가 제일 눈에 들어오시던가요?"

"아무래도 스킨이나 프로필 이미지였던 것 같아요."

"사람의 첫인상도 80% 이상이 외모로 결정된다고 하잖아요. 첫 느낌이라고나 할까요. 포스트 역시 시각적인 부분이 많은 영향을 끼칩니다."

홍보팀에서 사보를 담당했던 홍 대리는 편집의 힘을 잘 알고 있었다. 같은 글이라도 이미지와 글의 위치, 색, 폰트 등에 따라 다른 느낌을 주기 때문이다.

"그럼 편집에도 운영관리를 위해 가이드라인을 만들어야 할까요?"

"크게 폰트와 이미지 두 가지로 나눠서 생각해볼까요? 폰트 종류는 되도록 동일한 것을 쓰도록 합니다. 사이즈는 중간 제목, 본문, 캡션을 분류해서 통일성 있게 사용하는 것도 한 방법이죠. 기본 색상은 블랙, 강조색은 전체 이미지에 맞춰 다른 색을 선택할 수도 있지만 강조하고자 하는 단어, 문장 등 일부에만 사용하고 한 포스트에 세 가지 이상을 사용하는 건 자제하는 게 좋아요."

"그럼 이미지는요?"

"포스트 영역에 맞춰 사이즈를 규정하고요. 해상도가 떨어지는 건 사용하지 않아야겠죠. 비슷한 이미지일 경우엔 한두 개만 쓰고, 포스트 내용과 직접적인 연관이 있는 게 좋아요. 특히 이미지, 음악, 동영상 등과 같은 멀티미디어 소스를 많이 사용하면 페이지가 늦게 생성되니까 글의 지루함을 덜어주거나 이해를 돕는 정도만 사용하도록 하고요."

홍 대리는 자신의 예전 블로그를 떠올렸다. 화려한 것이 눈에 띄고 좋을 것 같아서 포스트마다 글자 크기나 글자체, 색상까지도 다르게 썼었다.

블로그 스킨 이미지도 예쁘거나 멋진 것만 골라서 깔았었다. 그러고 보니 페이지가 늦게 떴던 것도 이제야 이해가 갔다. 지나치게 많이 올린 이미지 때문이었다.

디자인은 블로그 아이덴티티 구축에 매우 중요한 요소입니다. 스킨 디자인부터 본문 디자인까지 일관된 톤을 유지할 수 있도록 하는 게 좋습니다. 특히 포스트 디자인의 경우에는 폰트와 컬러, 사진 활용 등 일관된 이미지를 유지할 있도록 가이드라인을 마련해야 합니다.

〈before〉

〈after〉

포스트 타이틀은 본
문에 지장을 주지 않
는 범위 내에서, 폰
트 컬러나 사이즈 등
으로 차별화를 두는
게 좋다.

본문 편집은 읽기 좋
게 정리하며, 본문
폰트의 기본 색상은
블랙, 강조색은 전체
이미지에 맞춰 일부
에만 사용하는 것이
좋다.

포스트 영역 사이즈
에 적합한 이미지 사
이즈를 규정하며, 이
미지 테두리 역시 색
상과 굵기를 정한다.

제목이 90%를 좌우한다

"본문은 어떻게 쓰겠는데 제목 달기가 제일 어려운 것 같아요. 저도 메타블로그에서 제목이 잘 빠진 포스트를 먼저 클릭하게 되거든요."

"왜 제목에 끌리시죠?"

"제목을 보고 내용을 유추하게 되니까요."

"홍 대리님처럼 제목을 보고 포스트를 선택하는 경우가 거의 대부분이죠. 이슈와 키워드를 선정해 주제를 정하고 블로고스피어에 맞는 글쓰기를 해도 제목이 별로라면 사람들이 읽지도 않고 지나쳐버릴 수도 있으니까요."

"어떤 제목이 좋은 제목인가요? 무조건 눈길을 끌기 위해 선정적이거나 호기심만 자극하는 것도 안 좋을 것 같고."

"평소 신뢰하면서 잘 가는 블로그가 있다면 포스트 제목을 한 번 살펴보세요. 많은 사람들의 추천을 받았거나 베스트 블로그 중에는 흥미를 끄는 제목, 얻고자 하는 정보를 정확히 짚어주는 제목이 많죠."

"블로그를 시작하고 더 많은 것을 깊이 있게 보게 되는 것 같아요. 예전엔 그냥 생각 없이 보던 글도 이젠 관심을 가지고 주의 깊게 읽게 되고요."

미아가 웃으며 고개를 끄덕였다.

"좋은 징조네요. 세상과 사람에 대해 더 깊은 애정과 관심을 갖게 해주는 것도 블로그의 장점이죠."

미아의 말이 맞다고 홍 대리는 새삼 생각했다. 포스트 제목 하나에도 많은 고민과 생각과 감정, 그리고 삶의 흥미로움이 담겨 있었기 때문이다.

"포스트 제목을 정할 때 가장 중요한 것은 일방적으로 홍보하는 제목은 절대로 피해야 한다는 거예요. 호기심을 유발하거나 관심을 끌 수 있는 제목, 복잡하거나 어렵지 않으면서도 쉽고 재미있게 다가갈 수 있는 제목, 딱딱하고 지시적인 제목에서 벗어나 대화하는 듯한 형식의 제목, 최근 블로고스피어의 이슈나 트렌드를 반영하는 제목도 좋죠. 예를 하나 들어볼까요?"

미아는 잠깐 생각하더니 홍 대리에게 물었다.

"상그릴라 호텔에서 진행하는 행사 중에 연인들을 위한 발렌타인 행사를 블로그에 소개한다면 어떤 제목을 붙이시겠어요?"

"발렌타인데이의 특별한 이벤트, 상그릴라 호텔에서~!"

홍 대리는 있는 그대로 정직하게 대답했다.

'내용을 그대로 담고 있는 제목! 얼마나 좋은가.'

그러나 홍 대리의 기대와 달리 미아는 별로 호응을 보이지 않았다.

"그것보다는 이런 건 어떨까요? 발렌타인데이에 인기남 사로잡는 특별한 장소는?"

홍 대리는 무릎을 쳤다. 두 가지 제목의 포스팅이 뜬다면 무엇을 선택할지 너무 명확했기 때문이다.

"기업 블로그라면, 간혹 블로그를 통해 호텔 관련 정보뿐 아니라 온라인상에서 떠도는 잘못된 정보에 대한 수정이나 혹은 이슈 관리를 해야 할 때도 있어요. 한 가지 예를 들어 볼까요?

만약 에너지 절약 캠페인이 한창일 때 '호텔이 에너지 활용도가 가장 떨어지는 곳'이라는 글이 인터넷에 떠돈다면 어떻게 하시겠어요?"

홍 대리는 이마에 주름까지 만들어가며 고심했다. 적어도 첫 번째보다는 나은 답을 내놓고 싶었다.

"호텔에서 진행하는 에너지 절약 캠페인은 어떻게 다를까?"

그러나 이번에도 미아는 조용히 고개를 갸웃거릴 뿐이었다.

"나쁘지 않아요. 하지만 블로그 제목은 상그릴라 호텔에서 알리고 싶은 정보 위주가 아니라, 블로거들의 눈높이에 맞춰 그들이 알고자 하는, 혹은 궁금해 할 수 있는 정보 위주로 제공해야 해요. 이 경우에는 우선 블로그 포스트로 '호텔이 에너지 낭비의 주범이라고? 그 실체를 알아보니'라고 올린 후에 상그릴라 호텔에서 진행하는 에너지 절약 캠페인을 덧붙이는 게 좋지 않을까요?"

홍 대리는 이번에도 조용히 무릎을 쳤다. 미아의 말이 떨어지자마자 정말 그 실체에 대해 알고 싶어졌기 때문이다.

"하나만 더 해보죠."

뭐든지 삼세판이라고 하지 않았던가.

"블로그 활성화를 위해 이벤트를 진행하기도 하는데요. 앞에 예시로 들었던 에너지 절약 캠페인을 만약 상그릴라 호텔에서 이벤트로 진행한다면, 어떤 제목이 좋을까요?"

이벤트 제목이라면 홍대리도 자신 있었다. 홍보팀에서 수많은 이벤트를 진행한 경험이 있기 때문이다.

"함께 해요. 에너지 절약 캠페인"

이번엔 자신 있게 대답했다.

"좋아요. 점점 좋아지고 있는데요. 조금 바꿔서 '함께 해요. 돈 버는 에너지 사용법'으로 수정해보면 어떨까요? '캠페인'은 동참을 강요하는 느낌을 줄 수도 있으니까, 그보다는 누구나 관심 있는 '돈 버는 방법'과 같은 키워드를 적용해보는 것도 좋아요. 기왕이면 블로거들이 직접 자신의 에너지 절약 방법을 상그릴라 호텔 블로그에 댓글이나 트랙백을 통해 동참할 수 있게 하는 것도 좋은 방법이죠."

점점 좋아지고 있다는 칭찬에 홍 대리는 자신도 모르게 얼굴에 웃음이 피었다. 홍 대리를 따라서 미아도 함께 미소를 지어보였다.

"예시를 들어주시니 알겠어요. 직접적인 광고홍보형 제목보다 공감할 수 있고, 이해하기 쉬우며, 호기심을 유발하는 제목이 좋은 제목이라는 말씀이시죠?"

"잘 아시네요."

"알기야 늘 잘 알죠."

그랬다. 아는 거야 쉬웠다. 문제는 실전에서 얼마나 잘 활용하느냐였다.

블로그 글을 작성한 후, 내가 작성한 글이 좀 더 많은 네티즌에게 노출되길 원한다면 블로그 제목은 매우 중요합니다.

여러 블로거들이 작성한 글 중 눈에 띄기 위해서는 '블로거들과 공감할 수 있는 주제' '실증적이고 차별화된 제목' '호기심을 유발할 수 있고 이해하기 쉬운 제목'이 작성될 수 있도록 해야 합니다.

포스트 제목	• 일반적으로 기업 홍보 성격을 드러내기 보다는 최근 블로고스피어의 이슈나 트렌드를 반영함으로써, 쉽게 노출될 수 있는 제목으로 구성한다. • 제목은 복잡하거나 어렵지 않고 쉽고 재미있게 구성되어야 한다. • 딱딱하고 지시적인 제목 보다는 블로거들의 눈높이에 맞는 제목으로 구성한다. • 추상적이거나 포괄적인 의미의 제목 또는 내용과 전혀 상관없는 제목 보다는 구체적으로 작성한다.
제목 선정 Tip	• 제목은 짧고 간단하면서도 포스트의 주요 주제를 효과적으로 표현할 수 있는지 검토해야 한다. • 지나치게 주제에만 충실한 제목은 블로거들의 관심유도가 적을 수 있으며, 하나의 키워드 보다 연관 있는 복합 키워드를 입력하는 것이 효과적이다. • 블로거들의 눈에 띄는 제목이 좋으며, 길이는 10~15자 정도가 적당하다. • 이미 발행된 글의 제목은 블로그 내에서의 수정은 가능하지만, 발행과 동시에 검색엔진에 노출될 수 있으므로 오타가 없는지 확인한 후 공개한다.

백 마디 말 보다 한 가지 사례가 더 직접적으로 와 닿을 때가 있죠?
좀 더 쉽게 이해할 수 있도록 몇 가지 사례를 참고하세요.
아래 예시는 실제 엉뚱상상에서 대행했던 기업 및 기관의 블로그 제목
변경 사례입니다. 제목 변경만으로 굉장히 인기를 얻었던 경우들입니다.

원본	변경	변경 이유
운전면허시험 제도 변경	운전면허시험 간단해진다는데, 확인해보니	누구나 공감할 수 있는 실증적인 정보를 경험담 위주로 재구성.
연평도 인근의 점박이물범 현황	아마존의 눈물 보다 찡한 '점박이물범의 눈물'	인기를 끌었던 다큐멘터리 '아마존의 눈물'이라는 키워드로 재미와 관심을 갖게 함.
무릎을 구부리면 너무 아파요	무릎을 구부릴 때, 두두둑 소리가 난다면?	많은 사람들이 공감할 수 있는 경험을 기반으로 호기심 유발.
스마트폰 제대로 활용하는 법	40대 부장님을 위한 스마트폰 탐구 생활	포스트 구성을 인기 케이블 방송 프로그램인 '남녀탐구생활'을 빌어 작성함으로써 공감할 수 있도록 재구성함.
직급별 새해 소망	직장인들의 새해 소망은 직급별로 어떻게 다를까?	회사 통계자료를 활용해, 특수한 사례가 아닌 일반적인 사례로 가공하여 흥미를 유발함.
시민 실천 과제 에너지 아껴쓰기	냉장고 전기요금 줄이는 아주 쉬운 3가지 방법	1차원적인 홍보 보다는 누구나 관심을 가질 수 있는 제목으로 변경.
어부지리, 신문 활용 교육(NIE)	동생이 다이어트를 결심하게 만든 신문기사 제목	전문용어 보다는 누구나 이해할 수 있는 용어 선택이 필수.

태그 활동은 어떻게?

"마지막으로 알려드릴 내용은 태그예요. 태그는 일종의 키워드 집합이라고 보시면 되요. 콘텐츠 내용과 관련된 태그를 넣어두면 제목이나 본문의 내용, 카테고리 등과 관계없이 태그별 검색이 가능하죠. 개인 블로그에서는 흐름상 포스트 안에 쓸 수 없는 감정이나 의지를 태그로 표현하기도 하고요."

홍 대리는 언젠가 보았던 기발하고 재미있는 태그가 떠올라 갑자기 웃음이 터졌다. 개인 블로그였는데 삼겹살 마니아였는지 온통 삼겹살로 도배되어 있다시피 했다.

3월 3일, 삼겹살 데이, 삼겹살 데이 행사, 삼겹살 가격, 삼겹살 맛있게 먹는 법, 삼겹살 할인, 삼겹살과 궁합이 잘 맞는 술 등 대

충 기억나는 것만 해도 이 정도였다. 재미있는 태그를 공적인 블로그에선 사용하기 어렵겠지만 언젠가 자신의 개인 블로그를 할 땐 한 번쯤 써보고 싶기도 했다.

"태그는 포스트의 내용에 따라 적절하게 바꿔 사용하시면 됩니다. 단, 온라인 이슈라는 이유만으로 포스트와 전혀 관계없는 단어를 태그로 활용하는 등 마구잡이식 사용은 피하는 것이 좋아요. 지속적인 온라인 모니터링과 태그 분석을 통해 호텔 관련 검색어를 개발해서 태그로 함께 활용하는 게 장기적으로는 바람직합니다. 포스트당 태그는 최소 10개 이상 사용해야 효과적이라는 것도 잊지 마시고요."

일곱 가지 글쓰기 노하우

미아와의 대화를 생각하며 포스팅 생각에 골몰하고 있는데 어디선가 웃음소리가 들렸다. 촬영 틈틈이 나이가 들어 보이는 여배우가 젊은 여배우와 무언가를 말하며 웃고 있었다.

"저 둘은 사이가 좋아 보이네요."

"그래도 드라마 안에선 장난 아니야. 시어머니와 며느리 사이거든."

"그래요? 고부갈등이 심한가요?'

"고부갈등 정도가 아니야. 원래는 입양해서 키운 딸인데 의붓오빠와 사랑에 빠지는 바람에 며느리가 됐거든."

"그럼 완전히 콩가루 집안 아니에요? 그런 이야기를 잘도 드라마로 만들었네요. 시청자들이 가만히 보나요?"

"당연히 가만히 안 보지. 그래서 끝나고 나면 게시판이 난리야, 난리."

"어떻게 그렇게 잘 아세요? 이 드라마 보세요?"

"그럼, 이게 말이지…."

부장은 갑자기 말하다 말고 입을 딱 다물었다. 아차, 싶었지만 이미 늦은 것 같았다. 홍 대리가 싱글싱글 웃으며 흥미 만점의 얼굴을 하고 있었던 것이다.

"아, 아니… 그러니까 아내가 가끔 보길래, 나도 그냥…."

"누가 뭐래요?"

"이게 생각보다… 그렇게 막장도 아니고…."

"아니, 누가 뭐라 했냐고요."

"교훈도 좀 있고… 우리 결혼문화에… 대해서도 생각하게 해 주고…."

"그러니까 누가 뭐라고 하냐니까요."

잠시 침묵을 지키던 부장이 갑자기 생각났다는 듯 손뼉을 치며 말했다.

"아, 홍보실에 아무도 없지. 이런 참, 내가 가지 뭐. 홍 대리랑 이 과장은 느긋하게 구경하고 오라고."

'뭔가 냄새가 나, 냄새가.'

145

홍 대리는 눈을 가늘게 뜬 채 부리나케 사라지는 부장의 뒷모습을 보았다.

'이상하단 말야. 드라마 좀 보는 게 어때서? 그런데 왜 저렇게 당황하시난 말이야.'

홍보실로 돌아오니 미아가 보낸 메일이 도착해 있었다.

홍 대리님께.

포스팅 글쓰기 어려우시죠? 블로그 콘텐츠의 글을 쓰는 일은 다른 글과는 다를 수밖에 없으니까요. 좋은 글을 쓰는데 개인마다 주관적인 생각이 있겠지만 도움이 될까 해서 블로그 글쓰기 노하우 일곱 가지를 보내드려요.

럭키 세븐, 건필하세요!^^

홍 대리는 첨부파일을 출력해서 모니터 옆에 붙여 두었다. 미아의 메일을 읽고 나니 포스팅에 대한 의욕이 새롭게 생겼다. 퇴근 직전까지 오늘 드라마 현장에 대해 포스팅할 글을 써내려갔다. 마지막으로 제목을 붙이는 일이 남았다.

'흥미롭고, 쉬우면서도, 공감이 되는 제목이라….'

고개를 들자 자리에 앉아 뭔가를 골똘히 생각하고 있는 부장의 모습이 보였다. 홍 대리는 곧 회심의 미소를 지었다. 기가 막

힌 제목이 떠올랐던 것이다.

〈40대 부장님도 빠져버린 드라마, 현장에서 직접 보니〉

오랜만에 즐겁게 해보는 포스팅이었다.

1. 글을 쓰기 전 주제에 따라 글의 시작과 중간, 마무리를 먼저 구상한다

말을 하는 방식도 사람마다 다릅니다. 조리 있게 말을 잘하는 사람이 있고 시작은 좋은데 마무리를 흐지부지 끝내는 사람이 있는가 하면 도대체 무슨 말을 하는지 알 수가 없는 사람도 있습니다. 다행히 글은 미리 전하고자 하는 내용을 정해놓고 쓸 수 있습니다. 주제와 줄거리만 분명히 구상해도 글쓰기는 훨씬 수월해집니다.

2. 짧게 쓴다

모든 문장은 호응관계가 있게 마련입니다. 그런데 길게 쓰다보면 이 호응관계가 꼬여서 결국 문장도 뒤죽박죽 엉켜버리게 되죠. 주어와 수식어, 서술어를 중심으로 짧게 끊어 쓰세요. 이해하기 쉽게 중간마다 접속어를 사용합니다.

3. 공감할 수 있는 글을 쓴다

가장 중요한 부분입니다. 내 이야기 혹은 주변 사람들이 직접 경험한 이야기일수록 좋습니다. 직접 경험한 맛집, 여행지 등 평소 관심 있었던 분야에 대해 예를 들며 이야기를 풀어갑니다. 자신이 속한 회사 혹은 기관을 소개하거나 현재 진행 중인일 일 공개 가능한 소식을 알리는 것도 좋습니다. 자신이 가장 관심 있거나 좋아하는 이야기를 할 수 있는 것이 바로 소셜미디어의 매력이니까요.

4. 정보가 될 수 있는 이야기인지 고민한다

소셜미디어는 정보 공유의 장인만큼 정보가 될 수 있는 이야기일수록 좋습니다. 제목만 번지르르하고 알맹이가 없는 글보다는 글을 읽는 사람에게 도움이 될 수 있는 정보가 무엇일까 생각해보고 실질적인 내용을 담습니다.

5. 호기심을 유도할 수 있도록 재미있게

대다수의 사람들은 쉽고 재미있는 글을 선호합니다. 어렵고, 딱딱하고, 이해하기 어려운 글보다는 궁금증을 유발하는 글을 보고 싶어 합니다. 자신이 그동안 재미있게 읽었던 글의 제목과 내용을 한번 살펴보세요. 정답은 바로 나옵니다!

6. 오탈자의 꼼꼼한 확인

맞춤법과 띄어쓰기를 제대로 잘 하기란 어렵습니다. 하지만 최소한 자신이 쓴 글에 오탈자가 없는지 정도는 공개하기 전에 한번 검토하고 올리는 것이 좋습니다. 아무리 어렵다고 해도 맞춤법과 띄어쓰기는 읽는 사람과 우리말에 대한 기본적인 예의니까요.

7. 많이 읽고 많이 쓴다

뻔한 이야기 같지만 가장 중요한 습관입니다. 겁먹지 말고 자신 있게 자꾸 쓰다보면 실력이 느는 걸 느낄 수 있습니다. 댓글을 통해 이웃 블로거들과 대화를 하면서 다음 글을 쓰는 것도 좋은 방법입니다. 글 쓰는 기술은 쓰면 쓸수록 늘어난다는 거 아시죠? 연습이 최고입니다.

언제까지 숨겨야 하나

퇴근 후 윤 부장은 딸 유미와 이야기하는 재미에 푹 빠져 있었다. 하루 중 가장 즐겁고 행복한 시간이다.

"우리 반 쌍둥이가 요즘 삼촌 때문에 걱정이래."

유미는 가끔 같은 반 친구인 쌍둥이 얘기를 했다. 둘이 똑같이 닮은 게 아무래도 신기한 모양이었다.

"정이랑 한이가 왜?"

과일을 깎아온 아내가 중간에 끼어들었다.

"걔네 삼촌이 요즘 바빠서 잘 안 놀아준다고."

"그래? 하긴 요즘 블로그에도 삼촌 얘긴 잘 안 올라오더라."

"브, 블로그?"

블로그라는 말만 들었을 뿐인데 윤 부장은 가슴이 철렁 내려 앉았다.

"쌍둥이 엄마가 블로그를 하거든. 당신도 한 번 들어가 봐. 진 짜 재밌어. 지난번에도 엄청 재미있는 사연이 올라왔거든. 그 집 삼촌이 큰 조카한테 당한 얘긴데."

아내는 생각만 해도 웃긴지 혼자 키득키득 웃었다.

"하여튼 그 집 애들 걸작이야. 쌍둥이도 끝내주지만 큰 애도 인물이야. 그 집 애들 외삼촌이 또 엉뚱해서 블로그 소재로 잘 올 라오거든. 이건 말로 설명하면 재미없고. 직접 읽어야 돼."

정말 그랬다. 어떤 이야기는 말로 들어야 재미있고 어떤 이야 기는 글로 읽어야 재미있다. 그런데 신기하게도 블로그에 올라온 글들은 읽어야 재미있었다.

"당신도 블로그 같은 거 들어가고 그래?"

"친한 엄마들 중에 하는 사람 있으면 들어가서 댓글 남기는 정 도. 나도 한 번 해보고 싶더라. 우리 가족도 블로그 해볼까? 글이 랑 사진 같은 거 보면 좀 부럽기도 하거든."

"블로그? 그거, 시간…엄청 뺏긴다던데…?"

윤 부장은 죄 지은 사람처럼 가슴이 뜨끔해져서 괜히 화제를 다른 데로 돌렸다.

"그런데 애들 이름이 특이하네."

"그 집이 좀 재미있다니까. 큰 애 이름이 진이거든. 쌍둥이는 정, 한."

아무래도 아내는 그 집 쌍둥이가 꽤나 마음에 드는 눈치였다.

"애들 이름이 모두 외자야?"

"응. 모아놓으면 진, 정, 한, 이 되는 거지."

"무슨 의미라도 있나?"

"진정한 삶을 살자, 라는 뜻이래."

"진정한 삶?"

"그렇다니까. 자신이 하고 싶은 것을 하면서, 숨기거나 감추는 것 없이 당당하게, 즐겁고 자유롭고 행복하게 살라고 지었대."

"숨기거나…감추는 것 없이…당당…하게? 허허허. 애들 엄마 기가 되게 셀 것 같네."

웃음으로 얼버무렸지만 '숨기거나 감추는 것 없이'라니. 자신이 몰래 블로그를 하고 있다는 것을 아내가 알리도 없건만 '무언가를 숨기는'이라는 말에 왠지 뒤통수가 당겨지는 듯한 기분이 들었다.

최근 홍보팀에서 블로그가 점점 대화의 중심이 되고 있었다.

자신도 당당하게 블로거라고 말하고 싶었다. 막장 드라마 얘기도 실컷 하고 싶었다. 그러나 아내의 이야기를 들으니 가족 블로그를 해보는 것에도 귀가 솔깃해졌다. 홍 대리가 들으면 '종이귀 부장님'이라고 놀릴지도 몰랐지만 아내와 딸과 함께 가족 블로그를 하고 싶다는 마음이 자신도 모르게 생겨나는 것을 느꼈다.

'블로그 하는 거, 차라리 커밍아웃 해버릴까?'

윤 부장은 진지하게 고민에 빠졌다.

3장

새로운 세상의
문을 열다

트위터와 친해지기

상그릴라 호텔의 30주년 기념식이 한 달 앞으로 다가왔다. 크리스마스에 맞춰 기념 행사를 할 예정이어서 더욱 분주한 날들이었다.

조금씩 나아지고는 있었지만 다음날 포스팅 할 콘텐츠는 최소한 하루 전에 글과 디자인에 대한 편집까지 끝내야 했기 때문에 예상 외로 많은 시간이 걸렸다. 게다가 다음 주 포스팅 주제를 선정해 미리 기획안도 만들어야 했다. 모니터링은 물론 가이드라인에 따라 트랙백, 댓글 등을 관리하려니 몸이 두 개라도 부족할 정도로 정신이 없었다.

하지만 보람은 있었다. 눈에 띌 정도는 아니었지만 방문자 수가 꾸준히 늘기 시작했던 것이다. 댓글과 트랙백, 이웃의 수도 꾸준히 증가하고 있었다.

"홍 대리, 이번 인증샷 이벤트 말이야, 트위터와 연계하면 어때? 블로그도 이젠 안정되어가고 있으니 트위터를 개설해보는 방향도 생각해보는 게 좋을 것 같은데."

"트위터…요?"

"응. 블로그와 트위터를 동시에 활용하는 게 더 효과적일 것 같아."

"그거 좋은 아이디어네. 이젠 홍 대리도 트위터에 익숙해졌잖아."

과장의 의견에 부장이 적극적으로 찬성의사를 보였다.

처음엔 낯선 그대, 트위터어

호텔 트위터를 개설해서 운영하는 일은 홍 대리에게 네 번째 트위터 도전이다. 누구에게나 처음은 있는 법이라지만 홍 대리는 처음 트위터라고 검색어를 치고 사이트로 들어갔다가 당황했던 때가 생각났다. 갑자기 영문 페이지가 나타났던 것이다. 멀쩡하던 심장이 어두운 밤에 괴한이라도 만난 듯 방망이질을 시작했다.

'이 놈의 영어 울렁증은 서른이 넘어도 낫질 않아.'

한숨만 내쉬다가 그래도 어떻게든 읽어보려 했으나 눈에 보이는 건 알파벳일 뿐, 도무지 알 수가 없었다. 그 이후로 트위터 근처에는 얼씬도 하지 않았다.

두 번째는 과장과 부장의 맞팔 공세에 오기가 나서 트위터 계정을 만들었던 때였다. 용기를 내어 검색창에 트위터를 치고 사이트로 들어갔다. 다행히 한글서비스가 자리 잡고 있어서 영어 부담은 없었지만, 왠지 모르게 '어렵고, 낯선' 것은 마찬가지였다. 겨우 계정만 만들었을 뿐 특별히 할 말도, 하고 싶은 말도 없었다.

세 번째는 회사 블로그를 운영하면서 개인 트위터를 홍보팀의 새로운 소통의 도구로 활용하기 위해 배우기로 마음먹었던 때였다. 그러나 뭐가 뭔지 감을 잡을 수 없었던 건 마찬가지였다. 트위터에 접속하자 단 하나의 문장이 홍 대리를 기다리고 있었다.

－ 지금 뭐하고 계세요? －

"내가 지금 뭐하고 있는지 알아서 뭐하게? 아니, 그게 왜 궁금해?"

단순한 한 문장이 외계문자처럼 보였다. 그러나 이젠 혼자가 아니었다. 모를 때 외치면 무조건 도움이 되는 한 마디가 있었다.

"과장님!!!"

홍 대리의 애끓는 외침에 과장이 웃으며 다가왔다. 부장은 옆에서 조용히 흠흠, 목청만 가다듬을 뿐이었다. 홍 대리가 왜 그토록 목이 메도록 과장을 불렀는지 이미 알고 있다는 듯 여유 있게 다가와 모니터를 가리켰다.

"거기 '지금 뭐하고 계세요?'라는 문장 밑에 빈 박스 보이지?

글 쓰는 데야. 사진을 올리거나 URL 주소를 복사해 붙일 수도 있어. 블로그의 댓글처럼 상대방의 트위터에 글을 남기는 것을 멘션이라고 해."

문득 몇 달 전 '멘션 사건'이 떠올랐다.

'알고 보면 별 것도 아닌 것을 몰라서 그렇게 무참히 망신을 당했었단 말이지.'

그러나 홍 대리는 트위터에 친숙한 '트위터리안'들이었던 동창들이 오히려 자신을 얼마나 '경이롭고 놀라운' 눈으로 봤을지 이제야 알 수 있을 것 같았다.

"멘션을 남기고 싶을 땐 리플라이(reply)를 누르거나 '@ID'를 쓰고 글을 남기면 돼. 흔히 '누구누구 님'이란 호칭 많이 쓰잖아? 트위터에서는 아이디 앞에 @기호가 붙어있다고 생각하면 어려울 것 없어."

그날부터 홍 대리는 과장에게 하나씩 새로 배우기 시작했다.

먼저 과장이 알려준 대로 과장의 트위터를 팔로잉했다. 홍 대리의 트위터 팔로잉 옆에 '1'이라는 숫자가 나타났다.

"여기, 타임라인에 내 트윗이 보이지? 다른 사람의 트윗과 홍 대리가 쓴 트윗, 멘션, 알티(RT)가 시간 순으로 타임라인에 보일 거야."

조금 할 만하다고 느낀 순간도 잠시, 용어를 듣는 순간 머리가 핑핑 돌았다.

"자, 잠깐만요. 타임라인이랑 알…알티요?"

이티도 아니고 알티? 홍 대리는 어느 나라 말인지 알 수 없는 트위터 용어 앞에서 무릎을 꿇고 울고 싶었다.

'이러다간 트위터 트라우마가 생길지도 몰라.'

이런 홍 대리를 보던 과장은 웃음을 참으며 차분하게 기초적인 트위터 용어부터 설명해주었다. 이미 부장을 교육한 경험이 있었기 때문이었다.

〈트위터에서 자주 쓰는 용어〉

- 트윗(tweet) 혹은 멘션(mention) 트위터에 올리는 140자 이내 단문 메시지.
- 팔로워(follower) 내가 올린 트윗을 받아보는 사람. 팔로워는 나의 글을 볼 수 있지만, 상대방의 글은 내가 구독신청(팔로잉, following)하지 않으면 자동으로 볼 수 없다.
- 팔로잉(following) 내가 다른 사람이 올린 글을 구독 신청하는 것. 팔로잉을 하기 위해서는 상대방의 동의나 허락을 받을 필요가 없다. 마찬가지로 상대방도 나의 동의나 허락없이 나의 글을 팔로잉할 수 있다. 이런 점에서 싸이월드의 1촌맺기에 비해 훨씬 개방적인 관계맺기라고 할 수 있다.
- 리트윗(Retweet/RT) 내가 받은 트윗을 나의 팔로워들에게 재전송하는 것.
- 맞팔(맞팔로잉) 나를 팔로잉하는 사람을 팔로잉해서 서로 상대방의 글을 볼 수 있는 관계를 맺는 것.
- 언팔(언팔로잉) 팔로잉한 상대방과 관계를 끊는 것.
- DM(Direct Message) 맞팔하는 사람끼리 서로 주고받을 수 있는 비공개 메시지.

홍 대리는 부장과 과장의 도움을 받아가며 새롭게, 차근차근 트위터의 기능을 익혔다. 새롭게 배우기 시작한 후부터는 트위터에 푹 빠져 지냈다. 부장, 과장과는 물론 멘토인 미아와도 트윗을 나누었다. 시간 날 때마다 자주 사용하게 되자 도무지 익숙해질 것 같지 않았던 트위터가 점점 유쾌하고 친근한 친구처럼 다가왔다.

'한국 트위터 사용자 포털 http://koreantweeters.com'에서 평소 좋아하던 작가와 연예인, 정치인 등의 트위터를 팔로잉했다. 카페모임처럼 비슷한 기호나 취향을 가진 사람들끼리 모여 '당'을 만들거나 가입해서 활동하고 교류할 수도 있었다.

홍 대리는 같은 년도에 태어난 직장인들의 모임에 가입해 서로 애환을 나누기도 했다. 몇 개의 당에 가입하니 팔로우의 수가 금세 100명을 넘었다. 갑자기 친구가 늘어나기도 했지만, 사이트를 통해 계속 드나들어야 하는 불편함을 스마트폰이 덜어주니 때론 옆에 있는 회사 동료보다 트위터 팔로우들과 더 많은 이야기를 주고받는 것 같았다.

놀랄 정도로 빠르고 쉽게 트위터에 익숙해진 지금 돌아보니 트위터를 안 하고 있던 때가 오히려 이상하게 느껴졌다.

가입 절차나 사용방법이 유난히 어려웠던 것도 아니었다. 하루에 수십 번 사용하는 이메일이나 스마트폰을 사용하는 것만큼이나 쉬웠다. 때로는 휴대폰으로 문자 메시지를 보내는 것보다 편했다.

'왜 그렇게 기를 쓰면서 안 하려고 했는지.'

홍 대리는 쓴웃음이 나왔다.

'제대로 몰랐기 때문에 오히려 거부감을 가졌던 건가?'

그러나 그 모든 것이 헛된 일만은 아니었다. 예전 일은 홍 대리에게 모두 귀한 경험이 되었다.

이제는 개인 트위터를 넘어 새로운 도전을 할 차례였다.

호텔 트위터리안 되기

호텔 트위터를 개설하는 것은 또 다른 문제였다.

"지금 호텔 블로그 운영만으로도 벅찬데 트위터 개설까지…."

"걱정 마. 우리가 서포트해줄 테니까. 한 팀이라는 건 그럴 때 좋은 거지."

부장이 넉넉한 웃음을 지으며 말했다. 부장은 얼마 전 홍 대리와 과장에게 이실직고를 했다.

홍 대리가 올린 포스트 〈40대 부장님도 빠져버린 드라마, 현장에서 직접 보니〉를 읽고 큰 소리로 웃더니 조금은 쑥스럽다는 듯 고백해버린 것이다.

"사실 나 막장 드라마 엄청 좋아해."

"전 이종격투기 엄청 좋아해요."

과장이 말했다.

"전…뽀로로요…."

홍 대리가 말했다.

부장의 막장 드라마보다 홍 대리의 뽀로로가 더 큰 박장대소를 불러일으키는 바람에 홍보실은 웃음바다가 되었다. 부장은 자연스럽게 자신의 취미를 받아들이는 직원들이 고마우면서도 자신이 얼마나 혼자만의 생각에 갇혀 있었는지 깨달았다.

부장도 홍 대리도 과장도 자신이 좋아하는 것을 즐기면서 살아가고 있었다. 또한 수많은 블로그들이 그것을 증명해주고 있었다.

부장은 '임금님 귀는 당나귀 귀!'라고 힘껏 외친 이발사처럼 후련한 기분이 들었다. 집에서도 아내와 함께 드라마를 보며 자연스럽게 많은 이야기를 할 수 있게 되었다.

'내친 김에 가족 블로그를 한 번 해봐? 아내도 은근히 하고 싶어 하는 것 같던데.'

부장은 그것도 괜찮을 것 같다고 생각했다. 바쁜 시기가 좀 지나면 자신의 블로그를 아내에게 오픈하고 리모델링해서 활용하는 방법을 찾아보는 것도 좋을 것 같았다.

"그럼 트위터도 활용하는 것으로 하고 장 이사님께 가이드라인을 부탁드릴게요."

"오늘 중으로 장 이사님께 연락해봐."

회의가 끝나자 홍 대리는 미아에게 전화를 했다.

트위터를 개설하면 더 바빠지겠지만 크게 걱정되지는 않았다. 든든한 멘토가 있었기 때문이다.

빠르다, 강하다, 자유롭다

"좋은 생각이에요. 이젠 그럴 때도 됐고요. 상황에 따라 적절히 활용하는 게 좋겠네요."

호텔 트위터를 개설하고자 한다는 홍 대리의 생각을 들은 미아가 말했다.

"그런데 어떨 때 블로그가 좋을지, 또는 트위터를 이용해야 할지 잘 모르겠어요."

미아는 빙그레 미소를 짓더니 홍 대리에게 물었다.

"이메일과 전화를 생각해보죠. 홍 대리님은 제게 전할 말이 있을 때 무엇을 선택하시겠어요?"

"그야 당연히 전화죠. 빠르잖아요."

"이메일과 전화를 모두 이용하면 안 되나요?"

"네?"

허를 찌르는 질문에 홍 대리는 잠시 멍해졌다. 분명히 미아는 '무엇을' 선택하겠냐고 물었지 '둘 중 무엇을' 선택하겠냐고 묻지는 않았다. 그런데 자신은 두 가지 중 한 가지만 골라야 한다고 생각했던 것이다. 고정관념이 하나 깨진 것 같아 신선한 기분이 들었다.

"그렇네요. 이메일과 전화를 모두 이용하는 게 효율적이죠."

"상황에 맞춰 가장 적합한 도구를 사용하면 돼요. 중요한 사안을 정리해서 전달하기 위해 이메일을 쓰는 것도 한 방법이죠. 차분하게 전하고자 하는 메시지를 전할 수 있으니까요. 급한 용무가 있을 땐 전화가 편하겠죠. 이메일과 달리 대답과 반응이 바로 돌아온다는 장점이 있으니까요."

"아! 블로그가 이메일이라면 트위터는 전화인 셈인가요."

"빙고!"

미아가 장난스럽게 손가락으로 동그라미를 그려 보였다.

"블로그와 트위터를 함께 이용하면 보다 효율적으로 '소통'할 수 있어요."

"하지만 트위터는 140자의 짧은 문장밖에는 올릴 수가 없잖아요."

"그래서 부담이 훨씬 적죠. 시간도 적게 걸리고. 편하고 가볍잖아요."

"확실히…블로그에 비하면 트위터는 가볍게 접근할 수 있는 것 같아요. 일상의 소소한 이야기까지 부담 없이 나눌 수 있으니까요."

홍 대리는 최근 트위터를 하면서 느낀 경험을 떠올렸다. 수다를 떨듯 가볍게 소통하는 일이 많아졌다.

"그렇다고 트위터의 파급력까지 가볍게 보시면 안 돼요."

다시 진지한 얼굴로 돌아온 미아가 말했다.

"입소문이 무섭다는 말, 아시죠? 트위터는 글보다는 말에 가까워요. 글이 길지 않은 만큼 전해지는 속도가 빠르고, 빠르게 퍼지다보니 파급력, 즉 영향력이 생기죠. 그리고 이게 바로 기업이 트위터를 마케팅 도구로 활용하는 가장 큰 이유랍니다."

하지만 홍 대리는 트위터가 파급력이 막강하다는 미아의 말에 완전히 수긍이 가지 않았다.

홍 대리는 자신의 생각을 솔직하게 미아에게 말했다.

"장 이사님, 기업이 트위터를 마케팅 도구로 활용하는 이유가 파급력 때문이라고 하셨죠? 하지만 제가 실제로 해보니 과연 효과가 있을까 의문이 생겼습니다."

"왜 그런 생각을 하게 되셨나요?"

"타임라인에 트윗을 올려도 금방 사라지니까요. 호텔의 트윗을 주의 깊게 보고 RT를 하는 사람들이 얼마나 될까 싶기도 하고요."

"제대로 잘 보셨네요."

홍 대리는 트위터를 알지도 못하면서 생각나는 대로 던진 섣부른 질문이 아닐까 싶어 걱정이었는데 자신의 생각과 다르게 미아가 긍정적인 반응을 보이자 조금 어리둥절했다.

"트위터는 매스미디어 광고와 달리 시선을 한 번에 사로잡는 집중력이 약한 게 사실이에요. 하지만 매스미디어 못지않은 영향력을 가질 수는 있어요. 제가 트위터 마케팅을 입소문에 비유했었죠? 입소문은 적은 비용으로 큰 효과를 낼 수 있어요. 트위터도 마찬가지고요. 물론 어떻게 운영하느냐에 따라 효과가 달라지지만요."

"트위터 운영에도 가이드라인이 필요하다는 말씀이신가요?"

"맞아요. 기업이나 단체의 공식 SNS는 대부분 가이드라인에 따라 운영되고 있어요. 잘못된 정보가 한번 퍼지기 시작하면 걷잡을 수 없기 때문이죠. 그래서 더욱 신중하게 글을 올려야 해요."

미아가 잠시 말을 멈추고 홍 대리를 바라보았다.

"그리고 하나 더! 트위터 운영자가 잊지 말아야 할 것이 있어요."

홍 대리는 자기도 모르게 긴장을 하며 자세를 바르게 했다.

"마음을 담아야 해요."

미아에게 말하진 않았지만, 트윗을 시작한지 얼마 되지 않아 800명이 넘는 팔로우가 생겼다. 여러 '당'에 가입했기 때문일 수도 있었지만, 비슷한 연령대의 팔로우들에게 싸고 맛있는 음식점 소개 등 유용한 정보를 제공한 것이 생각보다 반응이 좋았다.

그러다 호텔에서 진행됐던 이벤트를 우연히 소개했고, 그 후에 호텔에 대한 이야기를 종종 하곤 했는데, 며칠 전부터인지 팔로우들이 하나둘씩 줄어들더니 며칠 사이에 팔로우 수가 반토막이 났다.

'아차' 싶었다. 가까운 친구가 필요할 때 좋은 장소를 소개해주는 것은 유용하겠지만, 수시로 계속된 상품과 이벤트를 소개해온다면 장사꾼으로 밖에 보이지 않을 것이다. 결국 귀찮아서 연락이 뜸해지고 마는 것이다.

"사실 얼마전부터 제 개인 트위터의 팔로우가 반으로 줄었어요. 저는 신경써서 관리한다고 했던 수많은 트윗들이 스팸으로 느껴졌었나봐요."

"내가 누군가를 팔로잉 한다는 것은 그 사람의 감정과 생각, 행동 등에 관심이 있다는 것을 의미합니다. 맞팔로잉 한다는 것은 서로 의견교환을 적극적으로 하겠다는 뜻으로 받아들일 수가 있죠. 그런데 관심있는 친구가 시도 때도 없이 가십거리를 올리거나 무언가를 홍보하려 한다면 어떤 기분이 들까요?"

"귀찮기도 하겠고, 당황스럽기도 하겠고….."

"네, 맞아요. RT를 하면 팔로우의 타임라인에 바로 트윗이 뜹니다. 헌데 한 시간이 멀다하고 홍보성 글이 뜬다면, 무미건조한 스팸메일과도 같겠죠."

"그럼, 호텔 트위터를 할 때는 어떻게 글을 올리는 것이 좋을까요? 트위터도 블로그처럼 스케줄대로 글을 올리는 것이 좋을까요?"

팔로워들이 자신을 떠난 이유를 알게 되자 홍 대리는 왠지 자유롭고 가벼운 마음이 들었다.

"발행 수에는 구애받지 않아도 돼요. 트위터의 첫 번째 가이드라인은 '목표를 정하지 말고 즐기듯 대화하라'니까요."

"그럼 상그릴라 호텔의 트위터를 오픈하기 전에 무엇부터 해야 할까요?"

"홍보팀 세 분은 이미 각자 트위터를 사용하고 계시죠?"

홍 대리가 고개를 끄덕였다.

"출발이 좋네요. 먼저 트위터와 친해져야 하니까요. 호텔에 관련된 정보는 물론 여행, 문화 등 다양한 내용의 멘션을 즐거운 마음으로 수시로 보내세요. 단, 멘션은 회수보다 시간대가 중요해요. 사람들이 가장 자주 트위터에 접속하는 시간대가 언제일까요? 홍 대리님은 주로 언제 사용하시죠?"

"출근, 점심, 퇴근 시간이요."

"맞아요. 그 시간대엔 필수로 보내세요. 그리고 또 한 가지, 자유로운 내용이라고 해도 중구난방은 금물이에요. 호텔 블로그에 답글을 쓰실 때와 마찬가지로 일정한 톤을 유지하는 것이 좋아요."

"예를 들면 호텔 트위터에도 '30대 초반의 직장인'과 같은 고유한 인격을 부여해서 그에 맞는 톤과 매너를 맞추라는 얘기죠?"

"네. 이젠 감이 많이 빨라지셨네요. 블로그 운영이 큰 도움이 되셨나봐요."

홍 대리는 활짝 웃었다.

멘션도 작성 요령이 있다

미아가 말해준 멘션의 중요한 포인트는 '일방적으로 내 이야기만 하지 말 것'이었다.

"특별히 중요한 이유라도 있나요?"

"일방적으로 내 이야기만 하지 말아야 하는 것은 정보성과 공익성을 갖추기 위해서입니다."

"그러고 보니 트위터 사용자들은 정보성이나 공익성을 가진 멘션을 자발적으로 RT하는 경향이 있더라고요."

"바로 그거에요. 호텔과 직접적인 연관이 없더라도 가치 있는 멘션을 RT하면 우호적인 네트워킹을 형성할 수 있죠. 사용자들이 아이디를 통해 상그릴라 호텔의 트위터를 찾아올 가능성도 높아지고요. 또 다른 하나는 호텔 트위터로 날아온 멘션을 RT한 후 답변하는 겁니다."

"리플라이(Reply)를 사용하지 않고요?"

홍 대리가 물었다. 간단한 질문이었지만 이렇게 물어보는 자신이 눈물 날 정도로 대견했다. 영어 한 마디 못 하다가 귀가 트여 미국인이 하는 소리를 알아듣는 기분이 이럴지도 몰랐다.

"리플라이로 보낼 경우 그 답변은 호텔 타임라인에서만 확인할 수 있죠. 하지만 날아온 멘션을 RT한 후 글을 올리면 상대방뿐 아니라 호텔 트위터 팔로워 모두 볼 수 있어요. 이렇게 하면 더 많은 사람들이 호텔 트위터에 관심을 갖게 되는 홍보 효과가 생기죠. 좋은 내용은 RT를 타고 전파될 수도 있고요."

"트위터 사용자들과 자연스럽게 의견과 정보를 공유하게 되겠네요. 굉장히 좋은 홍보방법인 것 같아요."

"그렇다고 RT를 너무 많이 하는 것도 좋지 않아요. 과유불급, 무엇이든 지나치면 모자라는 것만 못하죠. 좋은 내용의 멘션 위주로 RT하는 게 좋아요. 트위터 마케팅은 홍보가 주목적은 아니거든요."

미아의 말에 홍 대리가 의아한 얼굴로 쳐다보았다.

"그럼 회사에서 트위터를 굳이 개설할 필요가 있나요?"

"꼭 홍보만을 위해 트위터를 활용하지는 않는다는 뜻으로 기업의 트위터는 크게 이벤트, 고객관리를 위한 CRM, 그리고 홍보와 PR을 목적으로 운영되고 있죠. 실제 사례를 살펴보면 금방 이해될 거예요."

"그럼 처음엔 홍보와 PR에 집중하는 것이 좋을까요?"

"비중의 차이는 있겠지만 일단 세 가지 모두 골고루 신경 쓰는 게 좋아요. 만약 CRM에 관한 멘션이 많아진다면 고객관리를 위한 트위터 계정을 따로 만드는 것도 하나의 방법이지요."

블로그와 트위터를 크로스!

    홍 대리는 미아와 이야기를 나누는 것이 즐거웠다. 미아는 어려운 개념도 쉽게 설명할 뿐만 아니라 언제나 적절한 예를 들어 재미있게 이야기를 끌고 나갔다. 언젠가 자신도 누군가에게 SNS를 설명한 날이 온다면 미아에게 배운 것이 분명 큰 도움이 될 것 같았다.

    "진짜 궁금한 게 있는데요."

    뭐든지 물어보라는 얼굴로 미아가 미소 지었다.

    "크로스미디어라는 게 블로그와 트위터를 함께 활용한다는 뜻인가요?"

    홍 대리는 자신이 트위터를 시작한 후부터 이미 다양한 트위터 활용에 놀라고 있었다. 기업적인 측면에서도 마찬가지였다. 홍보는 물론 고객과 직접 이야기를 나눌 수 있는 소통의 공간이라니. 블로그와는 또 다른 매력을 지닌 트위터가 아주 특별한 메신저로 느껴졌다.

"엄밀히 말하면 블로그, 트위터뿐만 아니라 페이스북 등 소셜미디어의 결합을 크로스미디어라고 볼 수 있어요. SNS를 이용한 미디어는 쌍방향으로 소통할 수 있기 때문에 이런 크로스미디어 활용도 가능하죠. 블로그와 트위터를 연계한 대표적인 크로스미디어 활용이 바로 블로그 콘텐츠를 트위터에 올리는 것이고요."

"하지만 블로그 포스트는 140자가 넘잖아요."

"물론 포스트의 내용 모두를 트위터에 올릴 순 없죠. 대신 링크를 걸어 바로 블로그 포스트로 가게 하죠."

"아, 그런 방법이 있었군요."

홍 대리는 무릎을 탁 쳤다. 이렇게 소소한 부분부터 조금씩 연계해 나가는 것이 바로 크로스미디어의 시작이라는 생각이 들었다. 생각보다 거창하기만 한 것은 아니었던 것이다.

"블로그에서 이벤트를 진행하고 그 주소를 트위터에 올리는 것도 가능하겠네요?"

"물론이죠. 블로그에서 트위터로, 트위터에서 블로그로. 어떤 방향이든 자유롭게 오갈 수 있다는 것, 그것이 바로 SNS의 매력이죠."

홍 대리는 휘파람이라도 불고 싶어질 정도로 갑자기 신이 났다. 블로그도 트위터도 알면 알수록 빠져드는 매력덩어리 애인 같다는 생각이 들었다. 서른 셋이 넘도록 애인 하나 없는 자신이 할 수 있는 비유는 아닐지도 모르겠지만 말이다.

"하지만 이벤트를 할 때 주의할 점이 있어요. 지나치게 많이 하면 이벤트를 위한 블로그나 트위터로 비춰질 수 있으니 중복되지 않도록 월 단위 혹은 분기별로 나누는 게 좋아요. 그리고 팁을 하나 더 드리자면 이벤트 기간이 길어지면 참여도가 낮아져요. 보통 7일에서 10일 정도가 적당해요."

"콘텐츠가 아니라 이벤트 참여만을 위해 찾아오는 사람들이 많다면 그건 그것대로 곤란하겠군요."

"그렇죠. 특히 상그릴라 호텔처럼 새로운 도약을 위해 SNS마케팅을 시작했다면 더욱! 30주년 기념일이 얼마 남지 않았죠?"

"네. 그래서 하루라도 빨리 공식 트위터를 오픈하려고요."

"오픈과 함께 어떤 예정이 있나요?"

"호텔 인증샷 이벤트를 진행하려고요."

"그렇다면 해쉬태그Hashtag를 이용하는 게 좋겠네요."

해쉬태그는 트위터의 태그 같은 일종의 키워드 분류였다. 글 앞에 #키워드 또는 #keyword를 붙이면 되는 간단한 방법이었다. 해쉬태그를 사용한 트윗은 해당 키워드에 관한 이야기만 하겠다는 일종의 약속과 같았다.

팔로워를 늘리기 위해 많이 사용되는 #self intro는 자신을 소개하는 글만 올리고 맛집을 해쉬태그로 쓰면 맛집에 관한 트윗만 올리는 것이었다. 취미가 같은 트위터리안 모임이나 트윗당을 만들 때 주로 해쉬태그를 사용하는 경우가 많았다.

"그러면 해쉬태그를 달아 상그릴라 호텔에 대한 의견을 보낼 수 있도록 하고 좋은 의견을 뽑아 상품을 주거나 일 년 내내 해쉬태그를 열어두고 달마다 한 명씩 뽑아 호텔 체험의 기회를 주는 정기 이벤트로 활용하면 좋겠네요."

"어머나, 좋은 아이디어네요. 저도 응모할까봐요."

미아가 장난스럽게 웃었다.

"장 이사님은 그냥 말씀만 하세요. 무조건 저희 호텔 VIP로 모시겠습니다."

"하하하, 말씀만으로도 고맙네요. 해쉬태그는 모임은 물론 마케팅 도구로도 효율적인 기능이에요. 단 키워드 선정이 중요하죠. 너무 광범위하거나 난해한 단어를 사용하면 아무리 좋은 이벤트라도 실패할 가능성이 커지니까요."

"블로그에서 포스트 제목이 중요한 것처럼요!"

우물쭈물 하다가 이럴 줄 알았지

상그릴라 호텔의 트위터 아이디는 @shangrilahotel_로 정해
졌다. 호텔 블로그인 〈지상낙원〉에 트위터 개설을 알리고 업데이
트된 트윗을 확인할 수 있도록 배너를 달았다. 인증샷 이벤트도
시작되었다.

> shangrilahotel_
> [이벤트] 당신만의 상그릴라를 콕 찍어주세요. 인증샷을 올린 커플에
> 게 스위트룸! 모두 다섯 커플에게 꿈 같은 선물을 드립니다!

홍 대리가 올린 트윗을 보다가 과장은 잠시 고개를 갸웃했다.

회의 결과로는 한 쌍에게만 스위트룸 숙박권을 주고 나머지 네 쌍에게는 스파와 와인바 이용권을 각각 주는 것으로 되어 있었다. 그런데 이 트윗은 아무래도 오해의 소지가 있어 보였다.

'다섯 커플 모두에게 스위트룸을 준다고 생각할 수도 있을 것 같은데?'

하지만 벌써 반응들이 빠르게 올라오고 있었다.

pcke**21
스위트룸은 어떻게 생겼을까요? RT @pcke**21: @ultimate**
본 적도 없어요ㅜㅜ

aniani**
스위트룸? 대박~ RT @aniani**: @ultimate** 상그릴라 호텔
사진 보내주실 분 ㅋㅋㅋ

ultimate**
오늘 같이 가서 사진 찍자!

"반응이 뜨거운데요?"

홍 대리가 들뜬 목소리로 과장에게 말했다.

"그렇네. 오늘 이벤트를 오픈했으니 블로그 반응도 잘 살펴봐."

과장은 트윗 내용에 대해 자신의 생각을 말하려고 했으나 홍 대리가 너무 기뻐하고 반응이 빠르게 올라오고 있어서 자신의 지나친 노파심 때문이려니 생각하고 넘어가기로 했다.

'뭐, 별일 없을지도 모르지.'

"얼굴도 모르는 사람들인데 왠지 친근한 기분이 들어요. 블로그에선 서로 이야기를 나눈다는 만족감은 적었거든요. 포스팅 하나하나가 조심스럽고 표현에도 신경 쓸 게 많았는데."

"트위터는 친구랑 가볍게 이런저런 얘기를 나누는 것 같지?"

"그래서 블로그도 트위터도 다른 매력이 느껴져요. 음…페이스북은 어떠려나."

"어라, 맞팔도 모르던 홍 대리가 자진해서 페이스북 얘기를 꺼내네."

"아니, 그게요, 막상 해보니까 재미있더라고요. 그래서 기왕 하는 거 내친 김에 페이스북까지는 해야 SNS 좀 한다고 할 수 있지 않나 싶기도 하고…."

"맞아. 블로그와 트위터가 안정되는 대로 준비해야지."

"과장님은 페이스북 하시죠?"

"뭐, 관심은 갖고 있어."

"와아, 진짜 대단하세요. 전 이번에도 과장님만 믿습니다!"

지켜보던 부장이 특유의 '사람 좋은' 웃음을 지었다. 홍 대리도 따라서 웃고는 일을 계속했다. 그런데 뭔가 이상했다. 다섯 쌍에게 스위트룸 숙박권을 준다는 이야기가 계속해서 올라왔던 것이다.

"홍 대리!"

과장은 그제야 날카로운 목소리로 홍 대리를 불렀다. 이벤트가 거짓말이었다는 소문이 퍼지면 걷잡을 수 없을 것이다.

'아까, 바로 말했어야 했는데. 내 탓이야.'

자신이 뻔히 눈으로 보면서도 우물쭈물 하다가 큰 실수를 한 것 같아 가슴이 철렁 내려앉았다. 다음 주는 크리스마스와 30주년 기념식이 기다리고 있었다. 더 늦기 전에 바로 잡아야 했다.

"제 실수로…어떡하죠….

홍 대리는 사색이 된 채 더듬더듬 말을 이었다.

트윗을 하기 전에 내용을 꼼꼼하게 살펴봤어야 했는데 이벤트에만 정신이 팔려 우물쭈물 하다가 이 지경까지 온 것이다. 게다가 트윗을 하자마자 이렇게 빠르게 올라오는 반응은 처음이어서 너무 들떠 있었던 탓도 컸다. 이 정도로 파급 효과가 클 줄은 몰랐다.

"잘못된 정보가 한번 퍼지기 시작하면 걷잡을 수 없기 때문이죠. 그래서 더욱 신중하게 글을 올려야 해요."

뒤늦게 미아의 목소리가 귀에 울리는 듯했다. 그렇게 당부를 했는데도 검토하지도 않고 성급하게 올린 자신의 탓이었다.

"아직 늦지는 않았어요. 대처 방안을 찾아보면 괜찮을 거예요."

허공에서 미아의 목소리가 들렸다.

'마음이 힘드니 이젠 진짜 헛것이 다 들리는구나.'

홍 대리는 고개를 절레절레 흔들었다.

"이럴 때일수록 함께 힘을 모아야죠."

미아의 목소리는 아까보다 더 또렷했다.

아무 생각 없이 대답했던 홍 대리는 깜짝 놀라 뒤를 돌아보았다.

"하도 급해서 내가 불렀어. 한걸음에 달려와 주셨네요."

홍 대리는 세상에서 가장 반가운 얼굴을 본 듯 달려갔다.

"인사는 나중에 하고, 자초지종부터 들어볼까요."

언제나처럼 침착한 미아의 목소리를 들으니 홍 대리는 다시 기운이 났다. 미아라면 하늘이 무너져도 솟아날 구멍을 보여줄 것 같았다.

다시 시작된 악몽

"큰 실수긴 하지만 해결 방법이 없는 건 아니네요."

"정말 해결할 방법이 있나요?"

홍 대리가 눈을 크게 뜨고 물었다.

"애매하기는 하지만… 이중적으로 해석할 여지는 있으니까요. 오늘은 잠시도 모니터 앞을 떠나지 말고 붙어 있을 각오 먼저 하시고요."

홍 대리는 비장한 각오로 고개를 끄덕였다. 자신이 저지른 일을 수습할 수만 있다면 책상 모니터 앞이 아니라 63빌딩 꼭대기 유리창에라도 붙어 있을 수 있었다.

"이 상황을 역으로 활용하도록 하죠. 잘못된 소문에 대한 올바른 정보를 트위터리안들이 직접 찾아낼 수 있도록요."

홍 대리는 이해되지 않아 미아를 쳐다보기만 했다.

"RT의 소문을 역이용하는 거예요. 음, 호텔 홍보도 함께 가도록 하죠. 현재 객실 리모델링이 끝난 상태죠? 스위트룸을 비롯해 변화한 호텔의 구석구석을 찾아 트위터에 인증샷을 올리세요. 투숙객의 경우엔 이용후기를 블로그에 올리게 하거나 링크 주소를 멘션으로 보내고요. 그리고 리플라이가 아닌 RT를 이용해 답변을 남기면 트윗이 팔로워들의 타임라인에 나타날 거예요. 트위터리안들로 하여금 소문이 사실인지 직접 확인하게 하고 답을 찾도록 할 수 있을 거예요."

shangrilahotel_
천국으로의 여행! RT @dearwind**: @shangrilahotel 가보고 싶어요. 입장 가능할까요?

shangrilahotel_
최고의 인증샷을 올린 커플에게 스위트룸을! RT @pcke**21: @shangrilahotel_ 오, 한 커플한테만 주는 건가요? 그럼 저요! ㄱ

shangrilahotel_
저희에게 스위트룸은 하나밖에 없어서요^^ RT @aniani**: @shangrilahotel_ 다섯 커플이 아니었나요?

홍 대리는 미아의 조언에 따라 팔로워로부터 받은 멘션을 RT를 통해 성실하게 답변하기 시작했다. 이틀이 지나자 @shangrilahotel_의 이벤트는 RT를 타고 퍼지기 시작했다. 호텔 블로그인 〈지상낙원〉 이웃들과 트위터 모임인 여행당, 맛집당, 제빵당 등의 당원들이 모이면서 팔로워는 만 명을 넘어섰다. 팀원 모두 한마음이 되어 열성적으로 매달린 결과였다.

"예전에 개인 블로그와 공식 블로그는 다르다는 얘길 했었죠? 트위터도 마찬가지에요. 분명할 정도로 잘못된 정보를 올렸다면 문제는 지금보다 훨씬 심각했을 수도 있어요. 한 번의 실수라고 해도 기업의 신뢰도에 치명적인 영향을 끼칠 수밖에 없고요."

"그래서 트위터의 파급력을 가볍게 봐선 안 된다는 말을 하셨군요."

홍 대리는 겨우 말문을 떼었다.

189

주말이 다가오고 있었다. 그러나 모두 주말을 반납할 기세로 일을 하고 있었다. 홍보팀 세 명의 머리를 쪼개 뇌를 들여다본다면 세 사람의 머릿속에는 똑같은 블로그 태그 같은 것이 들어 있을 것이다.

크리스마스, 30주년 기념식, 블로그, 트위터, 이벤트, 무사히 성공, 성공, 성공.

트위터로 정신이 없던 터라 홍 대리는 블로그를 이틀 동안이나 방치해두고 있었다. 초 단위 분 단위로 달라질 수도 있기에 이틀이면 2년에 버금갈 정도로 긴 시간이었다. 어쩔 수 없는 비상사태였다고 해도 두 번 다시 해서는 안 될 일이었다.

홍 대리는 어질어질한 머리를 붙잡고 블로그에 접속했다. 엄청난 수의 댓글이 달리고 있었다.

'이게 뭐지?'

끝난 게 아냐

불안한 기운이 온몸을 감쌌다. 처음이 아닌 느낌, 스멀스멀 옛 악몽이 다시 되살아나는 것만 같았다. 거의 감기다시피 했던 홍 대리의 눈이 번쩍 떠졌다.

"부장님!!!!!!!!!!"

"어, 어, 왜?"

"크, 큰, 큰일 났어요."

"뭐?"

"브, 블로그, 블로그!"

외마디 소리밖엔 나오지 않았다. 그러나 어찌나 다급했는지 부 장도 과장도 서둘러 블로그에 접속하는 듯했다.

'거짓말이지.'

홍 대리는 눈앞이 캄캄해지다 못해 하늘이 무너지는 것 같았다. 겨우 닫혔던 지옥문이 이틀 만에 다시 활짝 열린 것 같았다.

트위터에 올린 이벤트 공지를 블로그에도 똑같이 올렸다는 것을 깜박 잊고 있었다. 블로그와 트위터 내용이 다르다며 항의성 댓글이 줄줄이 달리고 있었다.

아무도 말문을 열지 않았다. 홍 대리는 아예 이 순간 자신이 어디론가 사라져버리거나 얼굴에서 입이라도 없어져 버리길 바랐다.

"모두 자리에 앉아."

부장이 단호한 어조로 말했다.

"홍 대리."

"네…."

"블로그 가이드라인 알지?"

"네…."

"이 과장도."

"네."

"지금부터 우리는 한 사람이야. 블로그 가이드라인대로 댓글에 하나하나 정성껏 답변한다. 알았나?"

평소와 다르게 엄격한 부장의 목소리였다. 홍 대리는 정신이 번쩍 들었다. 넋 놓고 있을 때가 아니었다. 블로그 가이드라인을 하나씩 떠올렸다. 자신의 머릿속에 자동 입력이 될 정도로 줄줄 꿰고 있는 게 다행이라면 다행이었다.

"자, 기억하라고. 상투적인 답글보다 친근하게 다가가는 감성적인 말투를 쓰되 개인이 아닌 호텔의 입장을 대변할 것, 여성이나 남성이 아닌 중성적인 톤을 유지하고 직장인에게 어울리는 대화체를 사용할 것, 일방적인 비방의 말이나 욕설에는 응대하지 말 것. 홍 대리는 지금부터 올라오는 댓글을 맡고, 이 과장은 홀수 페이지를 맡아. 나는 짝수 페이지를 맡을 테니까."

홍 대리는 새삼 부장의 단호하고 빠른 결단력과 행동력에 감탄이 나왔다. 여유 있게 감탄할 때는 아니었지만 이 순간에는 누구보다 든든한 상사였다.

"걱정 마. 일단 한숨 돌릴 수 있을 정도로 수그러들면 공식적인 사과문을 올리자고."

홍 대리는 고개를 끄덕였다. 그리고 몇 시간 동안은 댓글과의 전쟁이었다. 답글을 달다보니 댓글 중에서 특히 '애플민트'라는 아이디로 남긴 글이 눈에 띄었다. 트랙백까지 달려 있었다. 홍 대리는 마음속으로 따로 체크를 해두었다.

'꿈자리가 사납더라니.'

이 과장은 속으로 몰래 중얼거렸다. 그러나 이상한 일이었다. 가뜩이나 바쁜데 뜻밖의 문제로 머리가 터져버릴 정도로 골치가 아픈 상황임에는 틀림없었는데도 이상하게 마음 한구석에서는 알 수 없는 뜨거운 마음이 생겼다.

'지금부터 우리는 한 사람이야.'

부장의 말이 머리에서 떠나질 않았다. 하지만 그것이 무엇인지 생각하는 것은 나중으로 미뤄야 했다. 지금은 최선을 다해 '가이드라인'에 따라 답글을 다는 것만 생각할 때였다.

트위터는 '지금 뭐하고 계세요?'에 하고 싶은 말을 적는 활동이 전부입니다. 간혹 혼잣말하는 것 같다는 느낌이 들기도 하는데요. 반응이 없다고 실망하지 마세요. 많은 트윗들이 타임라인을 그냥 스쳐 지나가는 경우가 많기 때문이죠. 여러 트윗 중 주목받고 싶다면? 트위터 멘션 작성 팁에 대해 몇 가지 알려드릴게요.

1. 트윗 길이는 100자 이내로
메시지가 길면 전달력이 떨어집니다. 전략적으로 100자 이내로 자신의 메시지를 줄여야 합니다. 불필요한 길이를 차지하는 링크 사이트 주소는 shorten 기능을 이용해 줄일 수도 있어요.

2. 질문하는 글을 올려라
질문은 대답을 유도하는 글이 좋습니다. '트위터를 써서 좋은 점이 무엇인가요?' 'ㅇㅇ회사 ㅇㅇ브랜드에 대한 생각이 어떤신가요?' '다른 사람에게 추천하고 싶은 책 5가지를 고른다면 무엇인가요?'와 같은 질문을 올리세요. 의외로 답장을 보내는 사람이 많을 것입니다.

3. 스스로 RT하고, 직접 RT를 부탁하라
내 트윗이 많이 RT되길 원한다면, 다른 사람의 가치 있는 트윗 메시지를 RT함으로써 우호적인 네트워킹을 유지하는 것이 중요합니다.
자신이 알리고자 하는 메시지가 공익적이거나 심혈을 기울여 작성한 글이라면 자신의 팔로워 중 어느 정도 영향력 있는 지인들에게 RT를 부탁하세요. 단, 지나친 RT는 언팔을 가져올 수도 있으니 유의합니다.

4. 따끈따끈한 뉴스를 보내라

사람들은 최신 뉴스를 좋아하는 경향이 있습니다. 사람들의 관심을 끄는
신제품이 나왔다거나, 정치·사회적인 이슈를 접하면 RT하세요. 트위터
사용자들은 새로운 정보를 빨리 전달하는 트위터 사용자를 선호합니다.

5. 정보의 출처(링크)를 제공하라

유용한 정보가 담긴 다른 사람의 블로그나 웹페이지를 다른 사람들에게
많이 알려주세요. 트위터 메시지는 짧습니다. 대신 심도 있는 글을 제공
하기 위해서 원문이 담긴 링크를 제공해야 합니다.

이것 또한 지나가리라

"모두 수고했어!"

"부장님, 과장님, 고맙습니다!"

"은혜는 평생 나눠 갚아야 해."

새해가 된 후에도 공식 행사 일정으로 눈코 뜰 새 없이 바쁜 날들의 연속이었다. 2주가 지난 후에야 비로소 한숨 돌린 홍보팀 은 모처럼 회식을 했다. 크리스마스와 연말연시는 두 번 다시 생 각하고 싶지 않을 정도로 정신없이 지났다.

"30주년 기념 파티 정말 굉장했죠?"

홍 대리는 여전히 그날의 감회에 젖은 채 기억을 되살렸다.

"응. 나도 이 호텔에서 잔뼈가 굵었지만 내 생애 최고의 날이었어."

부장은 특히 남다른 느낌으로 말했다. 여러 가지 일을 겪은 후라 더 특별했다. 이벤트도 무사히 끝났다.

아름다운 불꽃놀이를 포함해서 모든 일을 '무사히' 끝내기 위해 세 사람이 했던 노력은 정말 어마어마한 것이었다. 하지만 그 일로 인해 '팀'이라고 부를 수 있을 만큼 끈끈한 정이 생겼다. 혹독한 전투를 겪고 살아남은 사람들끼리의 전우애 같은 것이 서로의 마음에서 태어난 것이다.

또 한 가지 변화가 있었다. 블로그 운영은 여전히 홍 대리가 책임지고 있었지만 부장과 과장이 막강한 필진으로 합세했다.

처음엔 '블로그가 뭐야?' 라고 뒷짐 지고 먼 산을 보는 듯 딴청을 피우던 부장은 놀라운 필력을 발휘했다. 가끔은 감성을 자극하는 글로 때론 포복절도할 정도로 유머러스한 글을 써서 고정팬까지 생겼다.

깔끔한 정보와 맵시 있는 주제로 언제나 읽을 만한 글을 쓰는 건 과장도 마찬가지였다. 이런 두 사람한테 부끄럽지 않기 위해서라도 홍 대리는 좋은 콘텐츠를 만들고 포스팅하기 위해 노력했다.

"부장님, 정말 멋졌어요."

홍 대리가 부장의 술잔을 채우며 진지하게 말했다.

"응? 뭐가?"

"'지금부터 우리는 한 사람이야' 라고 말하셨을 때요."

"저도요. 그 때는 그게 뭔지 몰랐지만 엄청난 감동을 받았거든요."

과장까지 한 마디 거들자 부장은 쑥스럽다는 표정을 지었다.

"어, 그거 나 아냐."

"네? 부장님이 아니면 누구세요?"

"응, 내 속의 또 다른 내가 있어. 전투 코드일 때만 나오는 일명 윤 병장이야."

"하하하, 그렇다면 그 병장은 말년 병장은 아닌 것 같네요. 군기가 빡 세게 들어 있었으니까요."

"그렇지 뭐. 아주 가끔 밖에는 안 나와서 탈이지만."

과장이 슬쩍 웃더니 한 마디 농담을 덧붙였다.

"병장도 있었어요? 전 또 아줌마만 있는 줄 알았더니."

"어허, 이 과장, 이거 왜 이래. 자자, 술 한 잔 받으라고."

너스레를 떨면서 술잔을 권하는 부장에게 홍 대리가 또 농을 걸었다.

"그럼 부장님, 병장 아줌마예요?"

"뭐? 하하하하."

'이럴 땐 부장님 놀리는 재미가 쏠쏠하다니까.'

홍 대리는 과장을 향해 눈을 찡긋거리며 장난꾸러기처럼 웃었다.

"그래서 말인데."

"잠깐, 스톱! 스톱!"

"왜? 무슨 일 있어?"

부장이 홍 대리를 바라보았다.

"부장님, 지금 일 얘기 꺼내시려고 그러죠."

"…쪽집게네."

"와, 홍 대리, 대체 어떻게 알았어? 홍 대리는 날 너무 좋아해서 탈이야."

"어휴, 부장님, 그건 아니다 싶지 말입니다."

홍 대리의 말투에 다시 웃음꽃이 터졌다.

멘토의 핵심 가이드라인 ⑦
SNS 이벤트 진행은 이렇게

기업 SNS 이벤트는 블로그나 트위터, 페이스북 방문자에게 재미와 관심을 유도할 수 있으며, 블로그 이웃, 팔로워로 연계될 수 있습니다.

SNS 활성화를 위해 이벤트를 진행하는 것은 바람직하나, 너무 잦은 이벤트 진행은 '이벤트 블로그' 또는 '이벤트 SNS'로만 이미지가 각인될 수 있으므로 주의해야 합니다.

〈1단계〉 이벤트 준비

- 일반 네티즌들의 참여도가 높은 이벤트 주제를 선정한다.
- 홈페이지나 혹은 오프라인에서 진행되는 이벤트를 그대로 진행하는 것이 아니라, 블로그나 트위터, 페이스북 각각의 특성에 맞도록 기획한다.
- 누구나 쉽게 참여할 수 있는 이벤트로 진행하게 되면, 그만큼 참여율을 높일 수 있다.
- 기업 블로그인 만큼 신뢰를 바탕으로 진행될 수 있도록 하며, 가급적이면 이미지가 유지될 수 있도록 한다.

〈2단계〉 이벤트 기간

- 이벤트 기간은 성격에 따라 다르지만 보통 1주일에서 10일 정도가 일반적이다. (지나치게 이벤트 기간이 길면 참여도가 떨어질 수 있음)
- 너무 잦은 이벤트 진행은 이벤트를 위한 블로그 또는 SNS로 인식될 수 있기 때문에 월별 혹은 분기별로 단위로 나눠서 진행하는 것이 좋다.

〈3단계〉 관리

- 이벤트 관련 댓글에 답변을 달아, 네티즌들과의 커뮤니케이션을 유도하는 것이 좋다.
- 이벤트 페이지나 배너는 홈페이지 또는 연계된 SNS 등을 통해 홍보하는 것이 좋다.
- 기존 블로그 이웃, 팔로워, 팬들에게도 이벤트 소식을 알리도록 한다.
- 이벤트 진행 시에는 유독 스팸성 댓글이 많으므로 주의한다.

SNS 관련 용어 및 기능에 관한 자세한 설명은 'SNS 천재가 된 홍대리' 블로그(www.snshong.com)에서 보실 수 있습니다.

SNS의 떠오르는 별을 주시하라!

페이스북 가입자 8억 명 돌파

하루 종일 페이스북을 이용하는 사람은 5억 명 돌파

모바일 페이스북 사용자는 월 3억 5천만 명

지구인 13명 중 1명은 페이스북 사용자

18~34세 사용자의 48%는 잠자리에서 일어나자마자 페이스북 확인

"2011년 8월에 페이스북 F8을 통해 공개된 페이스북 이용 현황이에요. 이것만 봐도 현재 얼마나 많은 사람들이 페이스북을 이용하고 있는지 짐작할 수 있으시겠죠?"

홍 대리는 입이 딱 벌어졌다. 그동안 블로그와 트위터로 단련된

경험만 믿고 페이스북도 비슷한 종류이려니 생각하고 가볍게 여겼었다. 그런데 미아가 보여준 자료는 실로 어마어마했다.

"굉장한데요? 도대체 8억 명이면….'

"더욱 놀라운 건 페이스북 사용자가 계속 증가하고 있다는 거예요. 소셜미디어 전문가로 유명한 스티브 루벨 에델만 부사장은 페이스북 이용자가 이제 곧 10억 명까지 늘어날 것으로 예측했으니까요.'

"10억 명! 전 세계 인구가 60억인데. 그럼 약 1/6이 페이스북을 이용한다고요?'

"앞으로 그럴 수도 있다는 얘기니까 너무 놀라진 마세요.'

흥분해서 자리에서 벌떡 일어난 홍 대리를 미아가 진정시켰다.

"대세라는 말을 듣긴 했지만, 이 정도일 줄은 몰랐어요.'

"그럴 수밖에 없죠. 페이스북은 순식간에 사람들의 마음을 사로잡았거든요.'

"도대체 무엇이 그렇게 많은 이들의 마음을 움직이게 한 걸까요?'

홍 대리는 페이스북의 매력이 무엇일지 궁금했다. 이미 블로그와 트위터가 있었다. 그런데도 또 다른 것이 가능하단 말인가?

"가장 큰 이유는 사람과 사람을 이어주기 때문이죠. 블로그나 트위터보다 훨씬 더 강한 '관계의 돈독함'을 바탕으로 운영되는

SNS니까요."

"하지만 블로그나 트위터도 관계를 중요하게 여기는 건 마찬가지잖아요. 이웃 블로거나 팔로워와의 관계도 그렇고요."

"물론 그렇죠. 하지만 페이스북의 친구는 조금 다른 개념이에요."

"관계는 관계인데 성격이 다른 건가요?"

"이웃 블로거, 팔로워 모두 온라인상에서 만나 관계를 맺죠. 평소 알고 지내던 사람들과 이웃을 맺거나 맞팔을 하기도 하지만 블로그를 하면서 또는 트위터를 하면서 만난 사람들에 비해 비중이 적어요. 즉 블로그나 트위터는 모르는 사람들과의 관계가 더 많은 편이죠."

반면 페이스북은 오프라인과 온라인이 결합된 상태라고 했다. 이메일 주소를 기반으로 친구를 맺기 때문에 이웃 블로거나 팔로워와는 다르게 기존에 알던 사람과 관계를 맺는 경우가 더 많은 것이다.

"페이스북 개설하셨나요?"

"네. 저희 홍보팀 모두 새해 기념으로 한꺼번에. 하하."

"사이가 좋으시네요."

그런 일을 몇 번씩 겪고 나면 누구나 전우애가 싹틀 수밖에 없을 거라고 홍 대리는 생각했다.

"그런데 깜짝 놀랐어요."

"페이스북 가입이요?"

"그게, 계정으로 사용할 이메일 주소를 적으라고 하길래 시키는 대로 했죠. 그랬더니 몇 년 전에 헤어진 여자 친구를 친구로 추천해주더라고요! 홍미루 님이 알 수도 있는 친구입니다, 라면서요. 헉! 놀라지 않을 수가 없잖아요. 이거 이메일 주고받은 기록이 있으면 자동으로 찾아주는 시스템인가봐요?"

여전히 놀란 표정을 짓고 있는 홍 대리를 미아는 재미있다는 듯 바라보았다.

"친구의 친구를 찾아 관계를 넓혀가는 것이 페이스북의 가장 큰 매력이죠. 사람들이 페이스북에 열광하는 이유도 바로 이 때문이고요."

미아가 웃으며 말했다.

"평소에 알던 친구를 자동으로 연결해주고 페이스북 활동을 하면서 그 친구의 친구와 관계를 맺게 되니까, 과연 오프라인과 온라인상의 관계가 절묘하게 조합을 이루긴 하네요."

게다가 트위터의 타임라인처럼 친구의 글과 사진을 자신의 페이스북에서 실시간으로 확인할 수 있었다. 댓글도 바로 남길 수 있었다. 이웃 블로그를 방문하고 답방이 이뤄져야 가능했던 블로그와 비교하면 그런 면에서 페이스북은 한층 편리했다.

"그래서 페이스북을 마케팅 도구로 활용하려는 거군요."

"트위터에 비해 확산 효과는 떨어지지만 매력적인 마케팅 채널이라는 것엔 이의가 없다고 봐야죠."

"아예 처음부터 페이스북을 운영할 걸 그랬어요. 그랬다면 생고생을 안 해도 됐을 텐데."

"이메일과 전화 둘 다 사용하는 게 가장 효율적이라고 했던 말, 기억하세요?"

"네. 그래서 지금도 둘 다 잘 사용하고 있어요."

"페이스북의 담벼락에 쓰는 글은 420자 정도에요. 420자가 넘어가면 자동으로 '더보기' 버튼이 생기죠. '노트'라는 기능이 있지만 블로그처럼 하고 싶은 말을 마음껏 쏟아내고 전파하기엔 부족한 셈이에요. 트위터와 비교하면 콘텐츠 확산 효과가 떨어지고요."

미아의 설명을 들은 홍 대리는 잠시 생각에 잠겼다. 마케팅 도구로 SNS를 운영하는 것이라면 서로의 장단점을 보완해주는 세 가지를 모두 활용하는 게 확실히 효율적인 것 같았다.

"그리고 페이스북은 지금도 진화 중이에요. 앞으로의 활용도는 우리의 상상을 초월하는 것이 될지도 모르죠."

미아는 페이스북에 대한 설명을 계속했다. 홍 대리는 설명을 듣는 중간에 간간이 정리를 하며 블로그와 트위터, 페이스북에 대해 간단히 메모를 해나갔다.

우선 블로그는 콘텐츠를 먼저 개발한 후 이를 포스팅하는 방식으로 관계를 맺긴 했지만 이웃의 글을 내 블로그에서 확인할 수 없다는 단점이 있었다. 콘텐츠를 한 곳에서 볼 수가 없어 다수의 플랫폼이 필요했기에 방문과 답방이 중요했다.

그리고 트위터는 가볍고 자유롭지만 말하고 싶은 내용을 충분히 전달하지 못하고 정보가 타임라인을 타고 빠르게 흘러가서 쉽게 잊혀졌다. 게다가 140자라는 한계가 있었다.

반면 페이스북은 하나의 플랫폼을 사용하고 트위터에 비해 콘텐츠의 집중도가 높았다. 그야말로 블로그와 트위터를 이용한 소통의 한계를 보완할 기능을 갖춘 것처럼 보였다. 게다가 기업의 특성에 맞는 어플리케이션을 개발해서 적용할 수 있다는 것도 큰 강점이었다.

'오, 이건 또 내가 몰랐던 세상이네.'

블로그와 트위터만으로도 충분하다고 생각했던 홍 대리에게 페이스북은 SNS의 새로운 진화를 보여주는 것만 같았다.

페이스북에서 자주 쓰는 용어들도 간단히 정리해봤다.

〈페이스북에서 자주 쓰는 용어〉

- **뉴스피드** 본인 글과 친구들이 올린 모든 글 또는 친구들의 활동이 실시간으로 계속 업데이트 되는 곳으로 페이스북의 메인 페이지로 볼 수 있다.(실시간/인기글로 구분 가능)
- **담벼락** 본인의 이야기, 사진, 영상 등을 업로드하거나 정보를 공유할 수 있는 공간.
- **노트** 담벼락은 게시할 수 있는 글의 용량이 제한되기 때문에 이를 보안하기 위해 마련된 기능이다. 긴 글의 경우 노트 기능을 이용해 산만하고 복잡한 느낌을 주지 않도록 하는 것이 장점이다.
- **좋아요** 일종의 공감 표시로 등록된 콘텐츠에 대해 '좋아요'를 클릭하면 해당 페이스북에 올린 글이나 사진 등이 자신의 페이스북 '뉴스피드'에 전달된다.
- **친구** 페이스북 친구찾기 기능(찾고자 하는 이의 이름을 입력하거나 출신학교, 직장 등을 입력하면 친구 정보가 검색된다) 등을 통해 친구로 등록되면, 등록된 친구와 정보 공유가 가능해진다.
- **팬페이지** 기업이나 제품 등을 홍보할 수 있는 일종의 기업용 페이스북으로, 친구 제한이 없고 다양한 어플리케이션 적용이 가능하다.
- **타임라인** 최근에 페이스북에 발표한 새로운 프로필로, 시간대별로 자신의 활동을 나열해서 보여준다.

'좋아요'를 눌러주세요!

"페이스북에는 몇 가지 기본적인 탭이 있어요. 담벼락이라는 게 있죠? 이곳이 글을 쓰는 곳이에요. 가장 기본이 되는 공간이 죠. 지금까지 내가 작성한 게시물도 모두 볼 수 있고요."

홍 대리는 언젠가 조카 진이 친구하자며 담벼락 얘기를 했던 기억이 났다. 비록 누구네 집 담벼락이냐고 물었다가 비웃음만 샀지만.

페이스북에 익숙해지면 이번엔 자신이 먼저 진의 친구가 되겠 다고 마음먹었다.

"페이스북을 열고 궁금했던 게 하나 있어요."

"뭔데요?"

"담벼락과 뉴스피드의 차이점이 뭔가요?"

"홍 대리님이 페이스북에 글을 쓰면 담벼락과 뉴스피드에 함께 올라가요. 담벼락에는 홍 대리님이 쓴 글만 나열되지만 뉴스피드에는 홍 대리님의 글뿐만 아니라 친구들이 올리는 게시글도 볼 수 있죠."

"자기 집 서재냐, 동네 사랑방이냐, 뭐 그런 차이인가요? 페이스북의 뉴스피드는 트위터의 타임라인과 같은 건가요?"

"비슷하죠. 본인과 친구들이 올리는 활동이 실시간으로 계속 업데이트되니 페이스북의 메인 페이지라고 할 수도 있고요."

페이스북은 알수록 놀라웠다. 기본적인 글을 올리는 담벼락 외에도 영상을 올리는 '동영상', 긴 글을 쓸 수 있고 외부 블로그와 연계할 수 있는 '노트', 투표를 하는 곳인 'poll' 등의 탭이 있었다. 게다가 자유롭게 토론도 할 수 있고 링크도 가능하다니!

"담벼락과 정보를 제외한 나머지 탭은 수정 또는 삭제가 가능해요. 운영 주체의 성격에 따라 알맞게 구성할 수 있죠."

"페이스북에 접속했을 때 보이는 첫 화면이 담벼락이죠?"

홍 대리가 자신 있게 물었다.

"… 뉴스피드인데요."

"아, 네."

가만히 있으면 중간이나 가는 것을, 홍 대리는 고개를 떨구고

혀를 찼다.

"담벼락이 내가 쓴 글과 프로필을 보는 곳이라면 뉴스피드는 나와 친구가 소통하기 위한 공간이죠. 뉴스피드를 통해 모두의 게시글들을 확인할 수 있어요."

"친구가 많으면 많을수록 더 재미있겠네요."

"아무래도 서로 공유할 수 있는 내용이 많아지니까요. 그러나 더 중요한 건 페이스북에 있는 '좋아요' 기능이죠."

'좋아요'는 말 그대로 친구의 페이스북이 좋으면 누르는 버튼이다. 마음에 드는 게시물이 있다면 게시물 아래에 있는 '좋아요'를 누르면 된다. 블로그의 추천과도 같은 기능이었다.

"혹시 블로그, 트위터와 연계해서 페이스북도 운영할 수 있나요?"

"물론이죠. 달리 SNS의 떠오르는 별이겠어요? 페이스북의 장점 중 하나는 다양한 어플리케이션을 개발할 수 있고 자체 소셜 플러그인을 통해 다양한 효과를 낼 수 있다는 것입니다. '좋아요' 기능을 활용한 소셜 플러그인 앱이 있죠."

블로그의 메인 페이지와 발행하는 포스트에 페이스북의 '좋아요' 소셜 플러그인을 삽입하면 운영 중인 페이스북을 알리고 자연스럽게 찾아오게 할 수 있었다.

하지만 더 놀라운 것은 어플리케이션을 활용해 페이스북에서 블로그 포스트는 물론 트위터 멘션까지 볼 수 있다는 점이었다. 게다가 기업이나 제품을 홍보할 수 있는, 일종의 기업용 페이스북이라 할 수 있는 '팬페이지'도 만들 수 있었다.

"페이스북 하나로 모든 콘텐츠를 확인할 수 있다니. '페이스북은 진화 중'이라는 말이 뭔지 조금 알 것 같아요."

"하지만 페이스북 역시…."

"네! 개설보다 운영과 관리가 더 중요하죠."

미아가 말을 채 끝내기도 전에 홍 대리가 큰소리로 대답했다. 미아가 웃음을 터뜨렸다.

"하하하, 이젠 전문가가 다 되셨네요. '좋아요'를 꾹 눌러주고 싶은데요."

미아가 홍 대리를 보더니 더 크게 웃음을 터뜨렸다. 미아의 말이 끝나자마자 홍 대리가 엄지손가락을 들어 페이스북의 '좋아요' 표시를 만들어보였다.

〈트위터 vs 페이스북 용어 비교〉

트위터	페이스북
팔로우(Follow)	친구 요청
글을 읽고 프로필을 보고	프로필을 보고 글을 읽고
정보 중심	네트워크 중심
알고 싶은 사람	아는 사람
우물 밖 사람과의 소통	우물 안 사람과의 소통
정보 습득	인맥 강화
RT	좋아요

멘토의 핵심 가이드라인 ⑩

페이스북은 어떻게 운영해야 할까?

기업 및 단체의 페이스북이라면, 블로그와 마찬가지로 개설 전에 페이스북 운영 가이드라인 매뉴얼을 준비하는 것이 좋습니다.
가이드라인 매뉴얼은 지속적인 페이스북 운영을 위한 기초 자료가 됩니다.
페이스북 가이드라인 매뉴얼에 작성되어야 할 기본 요소는 아래와 같습니다.

페이스북 가이드라인 매뉴얼 목차	주요 내용
1. 운영 목표 및 전략	(1) 콘텐츠 운영 전략 (2) 관계관리 전략 (3) 디자인 아이덴티티 전략 (4) 통합 운영 전략
2. 기능별 구성	(1) 기본 탭 구성 가이드라인 (2) 추가 탭 구성 가이드라인 (3) 관리자 기능 활용 가이드라인
3. 운영 방향	(1) 콘텐츠 구성 가이드라인 (2) 콘텐츠 배포 가이드라인 (3) 디자인 개발 가이드라인 (4) 어플리케이션 개발 가이드라인
4. 관계 관리 및 확산	(1) 팬 관계관리 가이드라인 (2) 이벤트 홍보 가이드라인 (3) 확산 가이드라인

우린 SNS 삼총사

상그릴라 호텔의 페이스북 팬페이지는 '상그릴라 다락방'이라는 이름으로 개설되었다. 여행지에서 마음에 들었던 호텔을 기억하고 좋아하는 사람들이 모여 이야기를 나누는 편안한 공간으로 운영하면서 온라인에서 맺은 인간관계를 오프라인으로 확대하자는 목표도 세웠다.

기본적으로 제공되는 탭 외에 상그릴라 호텔 페이스북만의 특징을 나타낼 수 있는 차별화된 탭을 추가해서 구성했다. 탭 이름은 직관적이고 짧은 것으로 선택했다. 게시글은 '좋아요'를 누른 팬들이 뉴스피드에도 함께 노출되기 때문에 한 번에 너무 많은 게시글을 올릴 경우 '좋아요'를 취소하는 팬들도 있었다.

일상적이고 친근한 내용의 게시글을 하루에 4~5개 정도 올리는 것이 적당했다.

처음엔 다락방이라는 이름이 무색할 정도로 반응이 없었다. 담벼락의 글이 적은 탓도 있었지만 게시글을 올린다 해도 '좋아요'를 누르거나 댓글을 남기는 친구는 극히 적었다.

하지만 홍 대리가 누구던가. 숱한 좌절과 절망과 난관 속에서도 굴하지 않고 SNS의 세계에서 매일 살고 있는 역전의 용사이지 않던가. 일곱 번 넘어져도 여덟 번 일어서는 정도로는 홍 대리 앞에서 명함도 내밀 수 없었다.

'만 번 넘어져도 만 한 번째 또 일어나면 된다고.'

홍 대리가 금과옥조처럼 여기는 페이스북 운영 가이드라인은 다음과 같았다.

주기	주요 내용	비고
오전 (9시~10시)	아침인사	개인적인 내용으로 상황에 따라 게시
포스트 발행 후	포스트 링크 및 개요	
오후 (3시~4시)	Break Time	포스트를 읽으며 잠시 휴식을 가지자는 의미에서 호텔 소식 중 1건을 소개
저녁 (5시~6시)	저녁인사	개인적인 내용으로 상황에 따라 게시

218

그러나 이제 막 자리를 잡은 블로그와 트위터에 페이스북을 어떤 식으로 활용하면 좋을 것인지가 관건이었다.

"세상에, 이렇게 많은 사람들이 페이스북을 하고 있을 줄은 몰랐어."

페이스북을 살펴보던 부장이 놀라서 말했다.

"그동안 나만 빼고 다 하고 있었나봐."

"괜찮아요, 부장님 옆엔 늘 제가 있잖아요."

"그렇지. 우리는 서로 '좋아요' 하는 사이니까."

"그럼요."

또 시작이라는 듯 과장이 슬며시 고개를 돌렸다. 얼굴은 보이지 않았지만 덤 앤 더머를 떠올리며 웃고 있을 것이 분명했다.

"그런데 정말 놀라워. 전 세계적으로 따지면 정말 엄청난 숫자겠는걸."

"회원 수가 '억' 단위잖아요, 억. 정말 억! 소리 나죠."

"억 소리 나는 돈벼락이나 좀 맞았으면 좋겠다."

부장의 농담에 홍 대리와 과장이 동시에 웃었다.

"어라? 호텔 직원 중에서도 꽤 많은데?"

지난 번 30주년 이벤트 때 트위터를 통해 이미 호텔 직원들의 힘을 톡톡히 느껴본 적이 있었다. 누구보다 협조적으로 이벤트를 알리고 열렬히 호응해주었던 것이다.

홍 대리는 문득 유난히 극성맞은 댓글에 트랙백까지 남겼던 '애플민트'가 생각나서 슬그머니 미소 지었다.

사실 그 사건 이후 개인적인 만남을 가지고 있었다. 아직은 부장과 과장에게도 비밀로 간직하고 있는 홍 대리만의 사연이었다.

"아! 맞다! 저희 호텔 직원들이 페이스북을 하고 있다면 상그릴라 다락방에겐 굉장히 좋은 점이잖아요. 상그릴라 페이스북 팬페이지에 팬이 25명 이상이면 독립 URL을 가질 수 있거든요. '좋아요'가 많아야 콘텐츠 확산에도 유리하고요."

안 그래도 친구를 어떻게 늘릴까 고민하던 참이었다.

"사장님께 부탁드리는 건 어떨까요?"

"음, 나도 그 생각 중이었어."

"괜찮을까요?"

"허허, 걱정 마. 사장님과 맞팔하는 사이잖아."

부장은 바로 실행에 옮겼다. 그날 오후엔 상그릴라 호텔 전 직원이 페이스북을 운영하도록 하는 공지가 떴다. 사장의 전폭적인 지지와 함께 몇 주 안에 호텔 직원의 대부분이 페이스북을 만들었고 상그릴라 다락방의 친구가 되었다.

상그릴라 다락방은 이젠 호텔 안에서도 '홍보팀 SNS 삼총사'라고 불리는 부장과 과장과 홍 대리가 온 힘을 쏟은 결과 활기를 찾기 시작했다. 팬들의 반응이 좋아지자 홍 대리는 종종 페이스북의 'poll' 기능을 이용해 간단한 여론조사를 하기도 했다.

　홍 대리는 야심찬 계획을 세웠다. 블로그 오픈 1주년을 기념해서 블로그와 트위터, 페이스북을 모두 연계하는 이벤트를 진행하는 것이었다.

　블로그에 올레길과 둘레길에 관한 포스팅을 하고 페이스북에 올려 친구를 맺고 투표에 참여한 후 '좋아요'를 누르거나 해당 게시물에 댓글을 달면 세 커플을 추첨해 제주 또는 지리산에 있는 상그릴라 펜션 숙박권을 주는 이벤트였다.

　미아에게 조언을 구했더니 반색을 하며 찬성했다.

　"좋은데요? 상그릴라 다락방의 목표가 페이스북에서 맺은 관계를 오프라인 인맥으로 확대시켜 보자는 것이니까요. 반응이 좋으면 소모임처럼 정기모임 탭을 만들어도 되고요. 참, 이벤트라고 해도 담벼락에 새로운 탭을 만들어 진행하세요. 기존의 이벤트 탭을 이용하는 것보다 참여율이 높을 거예요."

　과장도 부장도 좋은 아이디어라며 적극 추천했다.

이젠 '척' 하면 '착' 하는 사이가 된 세 사람이었다.

블로그에 소셜 플러그인을 삽입하는 건 물론 메인 페이지에 페이스북 배너도 달았다. 트위터에도 같은 주제의 poll을 올리고 페이스북 주소를 넣었다. 그리고는 틈틈이 블로그, 트위터, 페이스북에 제주 올레길과 지리산 둘레길에 관한 정보와 가벼운 이야기를 올렸다.

"그런데 홍 대리는 누구랑 가려고?"

어느 때보다 열심인 홍 대리에게 소리 없이 다가온 부장이 물었다.

"가긴, 누⋯ 누구랑 어딜⋯ 가요."

"이거 왜 이래. 냄새가 나는데."

"무슨 냄새가 난다고 그래요. 오늘 아침에 샤워하고 머리 감았는데."

"걷는 거 좋아한다며."

"누가요?"

"홍 대리랑 애플민트."

"네?"

홍 대리는 입이 떡 벌어졌다. 귀신이 곡할 노릇이었다. 팔랑귀 부장도 불도저 부장도 아닌 천리안 부장이었던가.

"어, 어, 아⋯."

"언제 어떻게 알았냐고?"

홍 대리는 고개만 끄덕였다.

"그, 그, 마…."

"그래서 그러니까 말하려고 했다고?"

홍 대리는 또 고개만 끄덕였다. 지금 부장은 홍 대리가 아는 부장이 아니었다. 아줌마도 윤 병장도 아니었다. 도대체 누구랑 말인가?

'부장님 안에는 귀신도 앉아 있나?'

"허허, 우리의 친구 SNS가 있잖아. 블로그, 트위터, 페이스북, 막강한 삼총사지. 나 애플민트랑 맞팔하는 사이야. 그뿐인감? 사이좋은 이웃 블로거라네. 그리고 이젠 친구지, 친구. 얼마 전에 '좋아요'를 꾸욱 눌러줬으니까."

아, 아아, 아아아. 등잔 밑이 어둡다더니.

홍 대리는 SNS를 시작한 후 처음으로 사생활 보호문제에 대해 심각하게 생각했다.

"어쨌거나 이벤트는 기대해보겠어."

부장은 싱글싱글 웃으며 한 마디를 남기고는 유유히 사라졌다.

예전엔 미처 몰랐던 것들

"홍 대리!"

홍보실에 들어서자마자 부장이 달려들었다.

"왜, 왜 그러세요, 부장님."

"큰일 났어."

'또요? 이번엔 무슨 일인가요!'

홍 대리는 말없이 절규하며 자리에 앉자마자 노트북부터 폈다.

"이것 좀 보라고."

부장이 가리킨 손끝에 떡 하니 홍 대리가 어제 저녁에 올린 포스팅이 보였다.

〈홍 대리도 모르는 부장님의 뇌구조〉

홍 대리가 올린 포스트에 긍정 댓글이 튼실한 대추나무의 가을 대추 마냥 줄줄이 달려 있었다. 100개 이상의 긍정 댓글이 달린 것은 호텔 블로그를 연 후 처음이었다.

"이, 어어, 아···."

"이게 어떻게 된 일인지 아냐고?"

입을 벌린 채 고개만 끄덕이는 홍 대리를 보며 부장이 말했다.

"그, 우, 해···."

"그러니까 우리가 해낸 거 맞냐고?"

홍 대리는 또 고개만 끄덕였다. 아무래도 지금 부장님 안엔 병장 아줌마 대신 '그 분'이 다시 오셨나보다.

"축하해!"

과장이 환한 얼굴로 다가와 악수를 청했다.

"모두, 정말, 어떻게···."

"예스! 예스! 예스!"

작두를 타듯 점프하며 외치는 부장의 신들린 예스삼창에 누가 먼저랄 것도 없이 홍 대리와 과장은 부장을 얼싸안았다.

블로그를 시작한지 1년 남짓 만에 이룬 쾌거였다. 그동안의 고난이 한꺼번에 씻겨 내려가는 듯 충분히 보상을 받고도 남은 기분이 들었다.

블로고피어스에 맞는 글을 쓰려고 노력한 날들이 주마등처럼 스쳐 지나갔다. 때로는 생활밀착형 주제를 찾아 동분서주하기도 했고 때로는 사회문제에 대해 진지하게 고민한 결과를 되도록 무겁지 않게 써서 올리기도 했다.

그러면서 홍 대리는 자연스럽게 터득한 비결을 갖게 되었다. 블로그에서 인기가 좋았던 글은 언제나 사내에서 소재를 찾았을 때였다. 이른바 '킬러 콘텐츠'를 만들기 위해 멀리 가서 헤맬 필요가 없었던 것이다.

더 중요한 것은 사내필진을 적극적으로 장려하고 발굴한 점이었다. 한 번 물꼬를 트게 되자 '도대체 그동안 어디에 숨어 있었나' 싶을 정도로 막강한 필력을 자랑하는 사원들이 줄줄이 등장했다.

호텔 블로그 '지상낙원'은 홍 대리 혼자 운영하고 책임지는 돛단배 블로그가 아니라 동료들과 함께 항해하는 거대한 선박이었다. 모두 자유롭게 소통했고, 즐겁게 공유했다.

"그런데, 내가 소냐? 언제까지 우려먹을 거야?"

부장이 장난스럽게 물었다.

〈40대 부장님도 빠져버린 드라마, 현장에서 직접 보니〉를 시작으로 〈홍 대리도 모르는 부장님의 뇌구조〉에 이르기까지, 홍 대리의 〈부장님 시리즈〉는 언제나 반응이 좋았다.

"난 이제 뼛속까지 다 우려진 것 같아. 나 말고 앞으로는 과장님 시리즈로 가자고."

"어라, 저도 홍 대리한테 실컷 이용당하고 있다고요."

과장이 일부러 새침한 표정을 띠며 말했다.

"하…하하…하하하."

사실이었다. 〈부장님 시리즈〉의 옆에는 〈과장님 시리즈〉가 있었다. 부장님 시리즈가 주로 웃음을 유발하는 내용이었다면 과장님 시리즈는 〈모르면 무조건 과장님을 외치세요〉라는 포스팅이 주를 이뤘다. 덕분에 부장과 과장은 호텔 안에서 유명인 못지않은 인기를 누리고 있었다.

"홍 대리한테 저희 둘 다 저작권 이용료를 받아야 하는 거 아니에요?"

과장이 진지하게 한 마디를 하자 부장이 무겁고 엄숙하게 선고를 내렸다.

"당연히 받아야지. 오늘 점심은 홍 대리가 쏘는 거야."

홍 대리의 포스팅은 트위터에서도 순식간에 전파되었다. 실시간 타임라인을 타고 끊임없이 RT로 연결되었다. 덕분에 호텔 홍보도 톡톡히 된 셈이었다.

페이스북에도 많은 메시지가 도착해 있었다. 하나하나 읽어나 가던 홍 대리가 갑자기 웃음을 터뜨렸다.

― 쌍둥이가 키운 보람이 있다고 좋아하겠어.

진이 남긴 글이었다. 남들이 보면 무슨 말인지 이해하지 못하 겠지만 홍 대리는 진심으로 가슴이 따뜻해졌다. 진과 페이스북으 로 소통하기 시작하면서 새로운 관계가 형성되었다. 말로는 하기 힘든 고민들을 담벼락에 남기는 진을 홍 대리는 언제나 응원하 고 있었다.

진은 요즘 부쩍 진로 문제로 고민하고 있는 눈치였다. 그러나 설령 아파하고 방황하더라도 소통하고 공감하는 누군가가 있는 한 언젠가는 제자리로 돌아올 것이라고 믿었다. 진을 생각하자 홍 대리는 자신 또한 혼자가 아니라는 사실을 깨달았다. 언제나 믿고 지지해주는 동료들과 가족이 있었던 것이다.

"일시적인 인기보다 꾸준한 신뢰를 쌓아가야 하는 것이 중요 해요."

미아가 SNS를 하나씩 가르쳐줄 때마다 잊지 않고 하는 말이 었다.

홍 대리는 SNS를 시작한 후부터 예전엔 미처 몰랐던 것들을 배우게 되었다. 머리로만 이해하고 있던 소통과 공감의 중요성, 관계 맺는 법, 진정성 같은 것들을 몸으로 느끼고 마음으로 받아들이게 되었던 것이다.

"가족."

홍 대리는 자신도 모르게 떠올린 단어를 소리 내어 말해보았다. 왼쪽 가슴 아래가 뭉클해졌다. 자신이 발견한 SNS의 가치는 가족과 많이 닮은 것도 같다는 생각이 들었다. 자신도 모르게 SNS를 통해 성장하고, 또 한 발 내디딘 것이다.

며칠 전 인라인 스케이트를 배우던 쌍둥이가 똘망똘망한 눈망울을 빛내며 말했다.

"한 발 내딛지 않으면."

"다른 발도 움직일 수 없어."

"제대로 타기 위해선."

"한 발씩 움직여야 해."

SNS 운영 효과를 측정하는 가이드라인

기업 프로젝트 진행은 항상 '효과측정'이라는 명제가 따르게 됩니다. SNS 도 마찬가지죠.

'우리 기업에서 SNS 운영을 통해 얻고자 하는 것이 무엇인가'에 대한 방향성과 '제대로 운영하고 있는가'에 대한 운영평가, '궁극적으로 네티즌 들과 어떻게 커뮤니케이션이 되고 있는가' 등이 주요 평가 기준이 될 것입니다.

SNS 운영에 있어 효과측정 기준이 될 수 있는 요소들은 아래와 같습니다.

SNS 방향성	**SNS의 목적에 맞는 운영 및 역할을 수행하고 있는가?** - 콘텐츠 내용 분석 - 관련 주제의 일관성 분석 - 관련 부서와의 연계 분석
SNS 콘텐츠 운영 및 관리	**SNS 형식에 맞는 운영 관리를 하고 있는가?** - 콘텐츠(포스트/멘션/담벼락) 수와 내용 분석 - 주기적인 콘텐츠 운영 분석 - 제목 및 내용의 검색 최적화 분석
네티즌과의 관계 관리	**블로거/팔로워/팬과의 커뮤니케이션은 이루어지고 있는가?** - 해당 SNS 방문자 수 및 증감 여부 분석 - 댓글 유무 및 내용 분석 - 콘텐츠 확산 및 연계 활동 분석

그녀를 만나기 100미터 전

그녀를 만나는 날은 늘 가슴이 설렜다. 아니 만나기 전날부터, 솔직히 말하면 헤어진 바로 그 순간부터 그녀가 보고 싶어졌다.

"늦바람이 무섭다더니. 올해는 장가가겠냐? 빨리 좀 독립해라."

예전 같으면 독립할 사람이 누군데! 라며 속으로 부르짖었겠지만 요즘엔 누나가 어떤 말을 해도 허허, 사람 좋게 웃으며 부장을 닮은 웃음을 짓곤한다. 홍 대리의 부처님같이 너그러운 웃음은 홍보실에서도 집에서도 '부장님 웃음'으로 통했다.

부장은 가족 블로그를 새롭게 시작했다. 음지에서 빛도 못 보고 살아가던 도둑 블로거의 신세에서 벗어나 이제는 당당히 자신의 취미를 드러내며 양지에서 활동하는 '블로거'였다.

하지만 사실 요즘 부장이 푹 빠져 있는 곳은 페이스북이었다. 어찌나 열광적으로 활동하는지 홍보실에서 페이스북은 과장이나 홍 대리보다 부장이 정보가 더 빨랐다. 홍 대리는 몰래 웃음을 지었다. 블로그와 트위터를 거쳐 지금은 페이스북에 당분간 안착한 것처럼 보였지만 앞으로 또 어떤 변화를 보일지 모르는 부장님이었기 때문이다.

'부장님 안에 또 어떤 분이 오실지 모르니깐 말이야.'

과장은 요즘 한 달 전부터 키우기 시작한(과장은 '눈이 맞아 자신이 선택당한'이라고 표현했다) 동거묘에 홀라당 빠져 있었다. 틈 하나 없이 철벽처럼 완벽해 보이던 과장이 검은 정장 등판 가득 하얀 털을 묻히고 오는 일도 있었다.

그보다 더 놀라운 것은 완벽주의가 조금씩 사라지고 있다는 것이다. 사소한 것을 깜박 잊거나 애교를 부리며 넘어가자고 할 땐 "누구세요?"라고 묻고 싶어질 지경이다.

부장이 '딸 바보'였다면 과장은 '고양이 바보'였다. 휴대폰에 가장 많이 들어 있는 사진도 고양이 '묘조'였다. 게다가 자신을 애완동물 밥을 먹이기 위해 일하고 집에 가는 '밥 셔틀'이라고 말할 때는 얼굴 가득 행복이 넘쳤다.

과장이 자신의 블로그에 이따금 올리는 〈나와 묘조 이야기〉는 홍 대리도 늘 재미있게 읽고 있는 포스팅이다. 심지어 과장이 찍은 묘조의 사진이 여성 잡지에 실린 적도 있었다.

홍 대리는 한 대상을 엄청 좋아하게 되면 사람은 표정이 비슷해진다는 것을 알았다. 바로 지금 윤아를 만나러 가는 자신의 얼굴처럼.

'참, 사람의 인연은 신기하기도 하지.'

홍 대리는 윤아를 만나게 된 일을 지금도 믿을 수 없었다. 윤아의 ID는 애플민트였다. 30주년 이벤트로 진행했던 '인증샷 사건'을 생각하면 지금도 가끔 등이 서늘해진다.

그때는 초보였으니 그것이 얼마나 아찔한 사고였는지 뼛속 깊이까지는 잘 몰랐다. 블로그와 트위터에서 동시에 진행했다가 죽어라고 답글을 달아야만 했던 그 일이 새로운 인연으로 이어질 줄은 정말 몰랐다.

수많은 댓글 중에서도 유난히 애플민트의 글이 마음에 남아서 떨어지지 않았던 이유를 홍 대리는 지금도 잘 설명할 수가 없다. 트랙백 주소를 따라 그녀의 블로그를 방문해서 비밀댓글이긴 했지만 정중한 사과의 글을 남기고 그 후로도 시간 날 때마다 들러서 안부를 전했다.

몇 달 블로그와 트위터를 통해 소통하다가 페이스북까지 함께하게 되었다. 개인적으로 만남을 요청해도 되겠냐는 홍 대리의 요청에 그녀가 수줍게 응답했던 것이 만남으로 이어졌다.

233

처음엔 악플러였던 윤아가 나중에는 누구보다 적극적으로 상그릴라 호텔을 홍보하는 선플러가 되었다.

"처음엔 이벤트 때문에 들어간 블로그였지만 나중에 차근차근 포스팅을 읽어보았어요. 운영자가 굉장히 성실하고 정직하다는 느낌을 받았죠. 실수는 순간적으로 누구나 할 수 있지만 그렇게 세심하고 고민의 흔적이 들어간 포스팅은 하루아침에 아무나 할 수 있는 게 아니거든요."

그래서 '신뢰'하게 되었다고 했다. 홍 대리는 자신의 노력이 헛된 것이 아니라는 생각에 괜히 마음이 찡해졌다.

만나고 난 후에야 알게 된 일이었지만 그녀는 파워블로거였다. 우연히 그 사실을 알았을 때는 또 한 번 놀랐다. 맛집 정보를 잘 알고 있는 과장이 선정한 요리 칼럼 파워블로거에 그녀가 속해 있었던 것이다.

윤아는 푸드 스타일 리스트로 일하고 있었다. 그리고 그 인연으로 얼마 전부터 상그릴라 호텔의 블로그에 요리 관련 포스팅을 돕게 되었다.

'내가 그때 블로그 안 한다고 했으면 어쩔 뻔 했어.'

홍 대리는 SNS이야기를 부장에게 처음 들었을 때를 떠올렸다. 새로운 세상의 문을 열 수 있는 기회가 온 것도 모르고, 다른 선택을 했더라면 오늘날의 자신은 없었을 것이다.

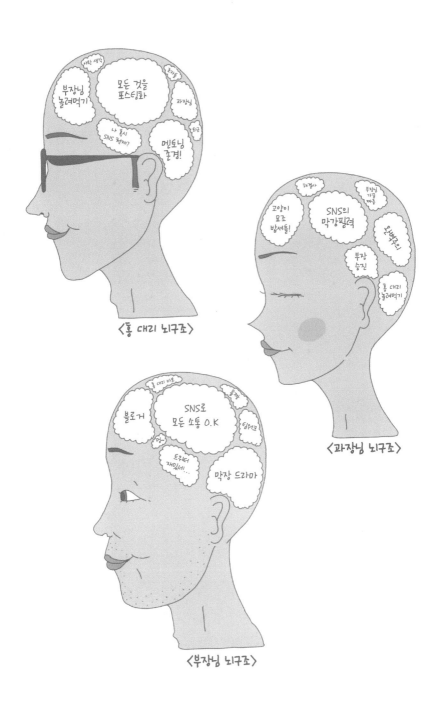

SNS는 홍 대리에게 일에 대한 생각뿐만이 아니라 사람과의 인연과 소통과 공감이 얼마나 소중한 것인지 깨우쳐주었다.

　그녀가 저만치 공원 벤치에 앉아 있는 것이 보였다. 그녀를 만나기 100미터 전, 홍 대리는 그녀를 보는 것만으로도 100미터 전력질주를 막 끝낸 사람처럼 심장이 뛰었다.

"자, 인사해. 오늘부터 새로 우리와 함께 일하게 된 유일한이야."

"부장님, 드디어!!!!!!!"

홍 대리는 감격에 차서 부장을 바라보았다. 출근한 홍 대리를 사이에 두고 부장과 과장이 모종의 음모를 꾸미는 사람처럼 눈짓을 주고받았던 것도 신입 사원이 왔기 때문이었다.

"진작 말씀을 하시지."

"허허, 그냥 말하면 재미없잖아."

하지만 홍 대리는 드디어 자신에게도 후배가 생겼다는 기쁨이 더 컸다. 드디어 자신도 사수가 되는 것이다. 얼마나 기다리고 기다리던 날이었던가.

"앞으로 홍 대리가 잘 데리고 가르쳐."

"네! 맡겨만 주십시오!"

"허허, 좋긴 좋나보네. 군기가 빡 들어갔어."

"지금 제 안에 있는 사람은 홍 반장이거든요."

홍 대리의 농담에 웃음꽃이 피었다.

"그럼 오늘부터 잘 부탁드리겠습니다."

유일한이 씩씩하게 인사를 했다. 척 보기에도 눈이 부리부리한 것이 가르치는 보람이 있을 것 같았다. 홍 대리는 이제 막 대학을 졸업한 일한이라면 어리버리했던 자신과는 어딘가 달라도 많이 다를 것이라고 생각했다. 부디, 자신처럼 고생하는 일은 없기를 바랐던 것이다.

오전 내내 일한에게 간단히 업무를 설명하던 홍 대리가 가볍게 한 마디를 던졌다.

"그쪽 관련한 자료는 담벼락에 남긴 것부터 보면 돼."

"네?"

"응?"

"……"

"페북 말야."

"…그건 새로 나온…책인가요?"

갑자기 사무실 안에 정적이 흘렀다. 잠시 후 누가 먼저랄 것도 없이 부장과 과장과 홍 대리는 동시에 웃음을 터뜨렸다.

아련하게, 먼 과거처럼 느껴지는 한 사건이 떠올랐다. 어쨌든, 누구에게나 일어날 수 있는 일이다.

[부록]
부장님 따라
SNS 정복하기

1. 40대 부장님을 위한 '스마트폰 탐구생활'

2. 40대 부장님을 위한 '트위터 생활백서'

3. 40대 부장님의 '페이스북' 달인 도전기!

4. 40대 부장님의 자화자찬 SNS 종결기

* '부장님 따라 SNS 정복하기'의 원문은 한화그룹 공식 블로그
한화데이즈(blog.hanwhadays.com)에서 가져왔습니다.

I.
4O대 부장님을 위한
'스마트폰 탐구생활'

40대 부장님을 위한 '스마트폰 탐구생활'

최근 스마트폰을 사용하는 사람들이 많아졌어요. 길거리에서도, 지하철에서도 심지어 집에서도 고개를 숙이고 작은 화면을 봐요. 사람들과 만나서도 아이폰이니 안드로이드폰이니 제대로 호응해주지 않으면 폰맹 소리 듣기 딱 좋아요. 그럴 때 마다 맞장구 쳐주고 있지만, 왜 아이폰과 안드로이드폰이라고 부르는지, 왜 나눴는지 여전히 이해하기 힘들어요.

특히 40대가 넘어가면 IT기기에 무뎌지기 때문에 신입사원들의 이야기에는 끼어들기 정말 어려워요. 정말이에요. 니들은 태어날 때부터 잘 알고 있었냐? 마음속으로 항상 외쳐요.

그래서 준비해봤어요. **40대 부장님, 사장님을 위한 스마트폰 탐구생활이에요.**

[스마트폰 탐구생활_이과장편]

요즘 회사 안에 너도나도 스마트폰 열풍이에요. 그렇다보니 40대, 50대 임원진을 비롯한 부장님들도 스마트폰 열공 모드라고 하는데요. 다들 일은 안하고 스마트폰만 보나봐요. 아날로그, 아날로그 외치던 윤부장님도 별 수 없었나봐요. 끝내 스마트폰 트렌드에 올라 타셨네요. 더이상 '업무 시간에는 핸드폰으로 문자질 하지 맙시다!'하던 눈초리도 이젠 끝인가 싶어요. 이토록 고무적일수가~ 아싸라비요오오~

어, 그런데 이게 왠 일, 황당시츄에이션~~~ 부장님이 나를 불러요. 가봤더니 새로산 스마트폰에 전원이 들어오지 않는데요. 이런 우X질레이션. 잠금장치를 풀지않고 전원안켜진다고 해요. 잠금을 살포시 풀어놓고 자리로 돌아와요. 한 참 바쁜 시간이지만, 느지막하게 배우려는 부장님의 열정에 응원해주고 싶어요.

자리에 앉으려는 찰나 부장님이 또 불러요. 가봤더니, 전화번호 누르는 키패드가 없대요. 이런 황당시츄에이션~~ 부장님의 스마트폰을 살짝 집고 메뉴 버튼을 눌러 키패드를 창에 띄워요. 부장님이 놀란듯 나를 우러러봐요. 흡사 제 뒤에서 광채가 나오는 듯 해요.

뒤 돌아 서는 데 기분이 싸해요. 침이 꼴깍 넘기기도 전에 부장님이 나를 불러요. 자꾸 불러요. 끊임없이 지치지 않고 부장님은 나를 불러 스마트폰을 내밀어요. 조금씩 스마트폰의 세상을 깨쳐가는 부장님 모습이 흐뭇하지만 이런 된장, 귀찮아지기 일보직전이에요.

끊임없이 불러대는 부장님을 피해 여자 화장실도 숨어봐요. 그런데, 이런 된장, 고추장, 쌈장. 전화벨이 울려요. 부장님이에요. 휴대폰 저장 이름을 부장님에서 찰거머리로 바꿔볼까 0.0001초 고민해요. 이러다간 부장님을 위한 '어이 이과장' 어플이 생길정도예요.

더 이상 참지못해 40대에 필요한 어플을 찾기 시작해요. 간단하지만 흥미로운 어플을 알려드리고 그 앱을 깨칠 때까지 잠수모드에 돌입할 기세예요. 그래서 찾아낸 6가지 어플. 부장님도 더이상 찾지 않으리라 믿어 의심치 않아요.

오늘도 부장님의 스마트폰 리모콘이 되어 고민할 전국의 과장들과 함께 할래요.

이과장이 추천하는 부장님이 혹할 어플은?

[주식]
부장님께서 주식을 한다면, 이것만 알려줘봐요. 그럼 회사 생활이 매우 편해져요. 그냥 놀아도 돼요. 하지만 주의사항이 있어요. 요즘같이 증시가 호황일 때는 칭찬받지만, 갑자기 바닥이라도 치는 날에는 어플을 추천한 댓가를 단단히 치르게 될거에요.

한화증권
언제 어디서든 손쉽게 주식현황을 파악할 수 있는 한화증권의 주식 앱! 10월 13일부터 11월 30일까지 3달간 모바일 주식거래수수료 면제 및 스마트폰(아이폰4, 갤럭시 S 등) 단말기 할부금, 통신비를 지원하는 3無 이벤트, 놓치지 마세요.

[레저_낚시/골프/등산]
주말이면 집에 있는 것 보다 출근하는 것이 맘 편하다는 부장님을 위한 어플이에요. 혼자만의 시간을 보내기위해서는 이 어플을 들켜서는 안돼요. 집에 있는 사모님, 아이들이 보는 날에는 같이 다녀야할 판이에요.

레저날씨
레저날씨 어플은 전국의 명산, 해수욕장, 골프장, 야구장, 축구장 등 레저 관련 날씨 정보를 시간대 별로 상세하게 안내해주어요. 더해서 프로야구, 축구 경기 일정도 제공해요. 무료 어플이라 광고가 있긴 하지만~노프라블럼!!

[음악듣기 앱]
요즘같이 낙엽이 거리를 덮고 있는 쓸쓸한 가을, 덕수궁 돌담길이라도 혼자 걷고 싶을 때면 분위기를 10000만배 업! 시켜주는 음악이 필요해요. 하지만 알아야할 것이 있어요. 정당하게 콘텐츠를 이용합시다아아~

벅스 어플리케이션 !
플레이리스트를 여러개 만들어서 다운이 가능해 부장님이 좋아하시는 이문세, 김창완 노래를 폴더별로 나눠서 다운 받을 수 있어요. 검색 기능도 되고, 가사도 자동으로 스크롤 되죠..^^ 리모콘 조정도 가능하고 물론 멀티 태스킹도 가능하답니다!

벅스 어플 말고도 유투브 책갈피 기능을 이용할 수도 있어요. 유투브 이용할 때는 반드시 무제한 요금제에 가입했는지 먼저 확인해봐야해요. 그렇지 않으면 요금폭탄 날라와 집에서 쫓겨날 수 있어요.

특집 보너스~~~ 부장님, 사장님. 신세대 직원들과 놀기 힘드시죠?
이럴 때 마음에 위안을 받을 수이 있는 어플도 있어요.

[외로울 때]

집에서도 왕따, 회사에서도 왕따 받는 부장님. 집에서는 애완견보다 순위가 낮아요. 직장에서도 마찬가지에요. 부장님과 시선을 마주치는 직원 없어요. 그렇다면 빙고~ 외톨이야~ 외톨이야~ 띠리띠리빕♪

애교여왕, 느끼제왕

이럴 때 필요한 어플, 바로 애교 어플이에요. '부장님~'하고 부르는 소리가 참 좋아요. 하지만 반드시 이어폰을 끼고 들어야해요. 그러지 않으면 변X 오인받기 쉽상이에요.

[노래방 책 검색]

노래방에 가면 가장 최신 곡으로 이문세의 '붉은 노을'을 부르시는 부장님. 18번은 '애모'에요. 이런 분들을 위해 평상시에도 뒤져볼 수 있는 노래방 검색 어플이에요. 스마트폰으로 검색해 노래 선택하는 스마트한 모습에 같이 간 사원, 대리들이 깜짝 놀랄거예요. 부장님 화이팅.

노래방(아이폰용)

이 어플은 태진, 금영 노래방 제목, 가수, 번호 등으로 검색이 가능하며 초성만 입력해도 검색이 되요. 내가 좋아하는 애창곡은 따로 저장해 놓을 수 있어요. 실시간으로 최신곡이 업데이트 되니 유행가요 모른다고 서러웠던 지난 날 이제 안녕~~^^

[스마트폰 탐구생활_부장님편]

요즘은 어딜 가든 '스마트 폰'이 화제에요. 사장님도 상무님도 회의시간마다 모바일과 커뮤니케이션을 강조해요. 이런 우X질레이션. 그러면서 시커먼 폴더 전화인 제 휴대폰를 쓱 봐요. '튼튼하고 전화 뻥뻥 잘 터지면 됐지' 라고 스스로 위안했지만, 더 이 상 통할 것 같지 않아요. 어쨌든 남들 다하는 스마트폰 나라고 못할쏘냐 외치며 스마트 폰을 샀어요.

자판도 없어요. 전원도 안 들어와요. 네모지고 시커먼게 영 정이 안 가요. 두 어번 톡톡 건들어 보다 저만치에서 스마트폰을 보며 킥킥 웃고 있는 이과장를 발견해요.

불러요~~ "어이, 이과장 ~"
이과장이 와요. 해맑게 웃으며 모르는 게 없는 표정이예요. 이과장이 손 대더니 불도 켜지고 전원도 들어와요. 어, 그런데 글씨도 조그맣고 화면도 멋대로 움직인 귀신들린 폰 같아 무서워요.

불러요~~ "어이, 이과장~~"
이과장이 와요. 이번에는 간단한 설명도 곁들여서 자판도 띄워주고 기능도 설명해줘요. 이과장 이제 봤더니 사람 괜찮아요. 어, 이과장이 말한 자판이 사라졌어요.

불러요~~"어이, 이과장~~~"
화장실에 갔다나봐요. 기다려도 이과장이 오질 않아요. 이과장 없인 스마트폰은 무용지물이예요. 마치 리모콘 없는 티비나 다름없어요. 불안해져요. 한참 후에 돌아온 이과장이 빼곡히 글자로 가득찬 A4 한 장을 야심차게 내밀어요. 하지만 아무리 봐도 뭐가 뭔지 모르겠어요. 이런건 그냥 서랍 속에 넣어놓고 머리속에서는 지워버려요. 모를 땐 '이과장'이 최고예요. 요즘 어플이 많다고 하는데 '어이 이과장' 어플은 없는지 찾아봐야겠어요. 입 아파요.

부장님 스마트폰에 반드시 설치해야 하는 기본 어플은?

[타자연습]
스마트폰으로 바꿨더니 오타난다고 이과장를 또 부르는 부장님을 위한 어플이예요. 두꺼운 엄지 손가락 탓은 절대 안해요. 버튼이 작대요. 열심히 연습해서 꼭 600타 만드세요~

타자연습앱
이제 문자 메시지 뿐 아니라 메일 작성, 간단한 문서 작성까지 스마트 폰으로 하는 요즘, 터치 키보드에 익숙해져야 할텐데요. 타자의 정확도와 신속도를 파악해주는 아이폰의 아이타자, 게임으로 익히는 타자 안드로이드 구글한글 키보드를 추천합니다.

[어플 강제종료]
스마트폰을 쓰다가 갑자기 느려졌다고 불평하시는 부장님에게 반드시 필요한 어플이에요. 이거 한 방이면 돌아가고 있는 프로그램들이 싹 종료되요. 스마트폰? 매우 잘 움직이요. 부장님 기분 참 좋아져요.

ADVANCED TASK KILLER
스마트폰 요즘 앱들 동시에 여러작업을 가능하게 하는 '멀티 태스킹' 다~~됩니다. 그러다 보니 사용하지도 않은 애플리케이션을 실행시켜 메모리만 잡아먹는 경우도 많은데요. 이럴 때 쓰면 좋은 어플이예요. 실행 중인 목록 중 종료가 필요한 항목을 선택 한후 'kill selected apps'를 누르면 간단하게 정리가 된답니다!

[교통]

대중교통으로 외근할 때마다 이과장에게 몇 번 버스인지, 언제쯤 오는지 귀찮게 물어보는 부장님을 위한 필요한 어플이에요. 앞으로는 이과장 말고 스마트폰을 귀찮게해주세요~

그 이름도 친근한 '하철이'와 '서울버스' 입니다. 버스정류장, 지하철역 위치는 물론 정확한 도착시간을 제공합니다. 서울 버스는 노선 버스를 입력하면 1일 운행횟수, 배차간격, 운행시간 등 버스 운영 정보도 알수 있어요. 하철이도 지하철 도착 시간을 비롯해 역별 상세정보 등 다양한 기능을 제공합니다.

[어플 정보]

하나씩 알려주기 귀찮은 이과장을 위한 어플이에요. 이거 하나면 설치해주면 왠만한 어플은 다 확인할 수 있어요. 그것도 분야별로 잘 나눠져있어 참 좋아요. 앞으로 부장님이 '이과장~' 부르면 필수어플가이드 앱 추천해드릴까봐요.

필수어플가이드

초보자들이 어떤 어플을 받으면 좋을지 목록으로 나열해주는 어플입니다.안드로이드 마켓 것인지 무료인지 유료인지 나오고 해당어플에 대한 설명이 짧게 되어 있어요. 최신 업데이트된 목록부터 필수유틸리티, 위치, 금융, 신문, 문화, 놀이로 목록이 나눠져 있으니 필요한 어플 간단히 다운받으세요.

2.
40대 부장님을 위한
'트위터 생활백서'

40대 부장님을 위한 '트위터 생활백서'

저도 명실상부 스마트족입니다.
전화? 잘 걸죠~ 이제 키패드 없다고 이과장 부르는 일은 없습니다.
문자? 제 손가락이 커서 그런가 자꾸 두 개씩 눌러지는 거 빼곤 아무 문제 없죠.
어플? 오늘도 한화증권 어플로 실시간 체크 중입니다. 하하하하!

이녀석, 한 손에 쏙 들어오는 게 여간 귀엽지 않아요. 스마트폰을 들고
뿌듯해하는 저에게 우리팀 막내가 방긋 웃으며 물어보네요.

팔로잉??

… 따라온다고…? 어딜?

> "부장님, 트위터 아이디 알려주세요. 팔로잉 할게요~"
> "… 따라온다고…? 어딜?"
> "……"

해맑게 웃던 막내가 고개를 돌립니다. 우리 사이, 살짝쿵 어색해졌네요.
어쩔 수 있나요. 이럴 땐 불러야죠.

> "어이, 이과장~~"

이제 이과장 없어도 할수있다!
윤부장의 Tip. 트위터 시작하기

에~트위터를 하려면 먼저 트위터 사이트에서 가입을 해야 합니다. 트위터 사이트로는 원래 트위터인
twitter.com 과 드림위즈에서 제공하는 한국형 트위터 **twitterkr.com**이 있는데요. 우리나라에서는 트위터
kr(twitterkr.com)를 많이 사용합니다. 여기까지는 뭐 쉽죠? 못 따라오시는 분들 없으리라 생각됩니다.
(자세한 회원가입 방법은 여기→ 한국트위터사용자포털에서 확인!)

트위터, 가장 쉬운 트위터 사용법, 무작정 따라하기 01

IT회사 출신인 제게도 트위터에 익숙해 지는 데에는 적잖은 시간이 필요했습니다. 그 과정에서 다른 블로거 분
들이 올리신 트위터 사용법 강좌로 많은 도움을 받았지만, 트위터 자체가 진입장벽이 낮지 않다 보니 금방 개념
을 이해하고 사용하기에는 어려운 부분들이 있었습니다. (또한 그 사이에 트위터가 많이 발전되기도 했습니다)

따라서 트위터를 시작하신 분들께서 트위터 사용방법이나 개념을 알기위해 여러 곳을 다니시지 않고도 그냥 쉽게 따라하기만 하면 트위터를 시작 할 수 있도록, 트위터 사용법에 관한 메뉴얼을 작성하게 되었습니다. 글이 상당히 길어 보이지만 쉬운 이해를 위해 이미지를 많이 사용해서 그런 것이니 심호흡 한번 하시고 본 사용법을 끝까지 읽으시면서 트위터 사용법을 익혀보시기 바랍니다.

트위터 초보들을 위한 트위터 메뉴얼 무작정 따라하기!! 이제 시작하겠습니다.

하지만 다음은 조금 난해하다, 어렵다 라는 반응이 있을 수 있어요. 스마트 폰에서 트위터를 사용하려면 '어플리케이션' 젊은 친구들 말로 '어플'이라는 걸 설치를 해야할 텐데요.
에~설치를 하면 스마트폰에서의 트위터링을 할 수 있으니까 한번 자신을 가지고 잘 따라와 보세요.
가장 많이 쓰는 어플로는 트윗버드, HooSuite, 트윗덱, Seesmic과 한국형 어플인 twtkr, 파랑새 등이 있는데요, 내가 트위터 초보인 여러분이 스마트폰을 얼마나 어렵게 알고 막막해 하는 지 아니까요, 최대한 쉽고 사용하기 편한 것으로 착착 알려드리겠습니다. 쓰기 쉬우면서 부가 메뉴도 많은 **twtkr**를 알려 드릴까 해요.

이 twtkr는 모든 메뉴가 한글로 구성되어 있고 140자 이상의 롱트윗이 가능하다는 점이 특징인데요,
영어라 당황했으면서 나는 기계 취미없다 핑계두셨던 여러분, 이젠 걱정마세요!
외국어 트윗 내용을 한글로 번역해 보여줄 뿐 아니라 다른 앱들에서는 유료인 글로벌 노티피케이션을 무료로 제공한다는 것도 매력적입니다.
설치는 생각보다 간단합니다! 스마트 폰 안에 내장된 앱스토어에서 twtkr 어플을 검색해 실행한 후 로그인하면 끝! 잘 모르시겠습니까? 그럴 땐 이과장을 불러주세요~

초보 부장님을 위한 트위터 용어

트윗(Tweet) '지금 뭐하세요?'에 글을 쓰는 것입니다.
타임라인(Timeline) 나와 상대방의 트윗들이 올라오는 곳이예요. 시간대로 주욱주욱 올라가니 타임라인이라하죠.
팔로잉(Following) 내가 마음에 드는 사람을 추종하는 것이예요. 상대방이 팔로잉 해주지 않으면 상대방은 나의 글을 볼 수 없습니다. 부장님, 막내는 이걸 원했던 거라고요!
팔로어(Follower) 나를 추종하는 사람이예요. 누가 누가 나를 추종하는 지 안 하는 지 목록을 만들어 관리를 해야될까 봐요.
리트윗(Retweet) 블로그의 추천과 비슷한 겁니다. 마음에 드는 글을 리트윗(추천)하면 그 글을 팔로어들에게 알릴 수 있는데요. 이게 참 무서운 기능입니다. 한번 누르면 확산 확산 되니까, 트위터의 강점이라고 할수 있죠

멘션(Mention) 댓글 달기예요, 내 얘기만 한다~! 부장님은 베토벤~이런 놀림 안 받으실려면 잘 보고 계시다가 바로 답변을 해주는 센스, 이제 부장님! 가져야 된다고 생각합니다.

다이렉트메세지(DM) 메신저의 쪽지 보내기와 동일해요, 비밀스럽고 둘만 나누고 싶은 얘기는 DM으로 은밀하니 보내주세요!

해쉬태그(Hashtag) 키워드 분류 혹은 일종의 모아보기입니다. 내가 원하는 주제의 글만 모아 보거나 서로 이야기를 나눌 수 있습니다. 예를 들어 #한화_라는 해쉬태그 입력하면 한화에 관련된 트윗만 나오는 거죠, 우리 부장님들 #간지부장당 한번 개설해 볼까예?!

드디어 트위터의 세계에 들어온 건가요? 귀여운 스마트폰을 한 손에 들고 트위터 삼매경에 빠졌습니다.
"나는야 간지 부장", "부장은 연말에 죽도록 바빴어요", "역시 이과장밖에 없어"…
그런데 어째 내 글만 잔뜩 올라오네요, 이거… 혼잣말하는 프로그램인가요, 스마트폰을 보며 키득키득 웃고 있는 막내에게 살짝 문자를 보냈어요, 답문이 왔네요, "간지 부장님~ 맞팔하세요~~ㅎㅎㅎ"
막내는 내 트위터를 보고 있었나봐요, 어디서? … 이럴 땐 어쩔 수 없어요, 불러야죠, "어이, 이과장~~~"

부장들은 나를 따르라! 이과장에게 전수받은
윤부장의 Tip. 트위터 즐기기

맞팔이란 나를 팔로어(Follower)한 사람을 팔로잉(Following)하는 걸 말하죠, 막내의 트위터를 팔로잉(Following) 해야 그 글들을 볼 수 있는 거죠, 처음 트위터를 시작할 땐 관심있는 트위터를 찾아 팔로잉(Following) 하려는 노력이 필요합니다. '한국트위터사용자포털(http://koreantweeters.com)'을 보면서 관심사가 같은 트위터리언을 찾는 경우가 많습니다. 카페와 같은 트위터 모임을 원한다면 '트윗당(http://www.twitaddons.com)'에 가입하는 것도 좋은 방법인데요, 팔로어(Follower)가 늘어나면 직접 '당'을 만들어 당주로 활동할 수도 있어요.

혼자 노는 부장님을 위한 추천 트위터

트윗밋(http://twtmt.com)
인터넷실무자 포럼, 노래방 모임 등 트위터리언의
오프라인 모임이 시작되는 곳입니다. 업무에 대한 이야기도
나누고 친목도 도모하고 좋습니다.

IS Parade(http://isparade.jp)
트위터 아이디를 입력하면 팔로어(Follower)들이 따라오는 사이트예요. 제각각 다른 모습으로 따라오는 것을 보는 재미가 쏠쏠합니다. 아직은 날 따라오는 사람은 이과장과 막내 뿐이지만요.

부장봇(http://twitter.com/Boojang_bot)
부장님들의 트위터 룰모델입니다~! 부장님만 가입가능어서 오이소~!

오늘도 어김없이 트위터에 출근도장을 찍었어요. 팀 회식을 할 때 찍은 건지, 막내의 트위터에 막춤에 빠진 제 사진이 올라와 있습니다. 부끄럽네요. 민망하다고 맨션을 쓰려 했는데 어라? 손꾸락이 리트윗을 눌렀어요.
삭제하려고 허둥대는 사이 이과장이 맨션을 보냈네요. "부장님, 귀여우세요~♡" … 아무래도 스마트폰과 트위터 없인 못 살 것 같아요.

3.
40대 부장님의
'페이스북' 달인 도전기!

40대 부장님의 '페이스북' 달인 도전기!

"오늘 내 팔로워가 이런 말을 해줬어~"

아침부터 출근하자마자 부장님은 이과장에게 자랑합니다. 팔로워가 말을 걸어줘서 행복했다는 둥, 팔로워가 벌써 100명이 됐다는 둥... 트위터를 알려드린 이과장, 심각한 고민에 빠져듭니다.

"혹시나 트위터를 괜히 가르쳐드린 것은 아닐까?"

안그래도 트위터에 홀딱 빠지신 부장님께서 팀원 트위터 계정을 다 팔로잉 해버리는 바람에 평소 스트레스 해우소 역할을 했던 트위터를 멀리 해야 하는 아픔이 채 가시지도 않았는데 말이죠.

그래서 이과장은 요즘 '페이스북'을 합니다. 페이스북에서 못했던 말을 시원하게 하고, 팀원끼리 그룹을 만들어 부장님 뒷담화(?)도 조금씩 하고, 재미가 쏠쏠하죠. '부장님은 아마 모르실꺼야' 라고 든든히 믿고 있습니다.

그런데, 업체 미팅을 다녀오신 부장님이 싱글벙글 하면서 이과장에게 다가오는 것이 뭔가 심상치 않습니다. 설마... 라고 생각하는 찰나 부장님께서 오셔서 다정하게 말씀하시는군요.

"이과장, 혹시 페이스북이라고 알아? 그거 재밌다던데?"

오~마이~갓!!!! X3

하나님, 부처님, 성모마리아님, 알라님! 정말 너무하십니다. 트위터의 아픔을 방금 전에 말씀드렸는데, 페이스북에서도 아픔을 주시다니요. 이 아픔 정중히 거절하겠습니다.' 라고 속으로 외쳐보지만, 앞에는 여전히 순진한 미소로 바라봐주시는 부장님이 계시는군요.

피할 수 없으면 즐겨라! 그래, 트위터에서는 못했지만, 페이스북에서는 부장님과 계급장 떼고 이야기할 수 있을거야! 부장님을 컴퓨터 앞에 앉히고, 페이스북 강좌에 들어가는 이과장. 파이팅 한 번 외쳐주세요~!

트위터와 페이스북 뭐가 다른거지?

고개를 갸우뚱 하시며, 부장님께서 묻습니다.

"트위터랑 뭐가 다르지?"

이과장 안경을 살짝 들어올리며 말합니다. "트위터 창립자 에반 윌리엄스 말하길, 트위터는 SNS가 아니라 실시간 글로벌 정보 네트워크다"라고 했습니다." 여전히 갸우뚱한 고개에 삐딱한 시선을 하신 부장님께서 "한 장으로 깔끔하게 정리할 수 없는가?" 라시며, 회의 포스를 진하게 풍겨주시는군요. 엄하게 큰 과제를 떠안은 기분입니다. 기왕 이렇게 된 거, PT한다 생각하고 마음을 다잡습니다.

"부장님, 보통 트위터는 광장, 그리고 페이스북은 사랑방이라고 합니다"

트위터	페이스북
Follow	친구요청
글을 읽고 프로필을 보고	프로필을 읽고 글을 읽고
정보중심	네트워크 중심
알고 싶은 사람	아는 사람
우물 밖 사람과의 소통	우물 안 사람과의 소통
정보습득	인맥강화
RT	좋아요

<트위터와 페이스북의 차이 정리>

비슷한 듯 하지만 차이가 느껴지시죠? 트위터로 많은 친구를 사귀셨다면, 이제 페이스북으로 좀 더 돈독하게 관계를 다져가실 수 있어요~!

개인정보를 꼼꼼히 입력할수록 친구가 많아진다?

회원가입 절차가 마치자마자 "이제 끝!"을 외치는 부장님, 그리고 이를 막아서는 철두철미 이과장

"끝이라니요? 이제부터가 본격적인 시작입니다!"

이과장의 의미심장한 외침, 과연 무슨 의미일까요?

페이스북은 '친목'을 중요하게 생각하는 SNS로, 개인의 정보를 더욱 많이 공개할 수록 다양한 친구들과 관계를 맺을 수 있는 성향을 가지고 있습니다. 따라서 기존의 회원가입 절차로 끝나는 것이 아니라, 페이스북 우측 상단에 '**프로필**'란에 있는 정보를 충실히 입력해주시는 것도 매우 중요하죠!

생년월일, 현 직장정보, 학력정보, 거주지, 출신지, 혈액형과 같은 기본 정보는 물론, 예술 및 엔터테인먼트 관심
사를 지정해두면 같은 키워드를 가진 다른 친구들을 소개받을 수 있어요.

흠, 그런데 부장님 어쩐지 칸을 채우다가 머뭇거리십니다. 얼마 전에 뉴스에서 '페이스북으로 인한 개인정보 유출
의 심각성'을 다루던 것이 생각나셨다며, 불안해하십니다. 그런 부장님을 위해서, 페이스북 개인정보 공개 범위를
설정하는 법을 알려드려야겠군요!

[계정→개인정보설정→ 페이스북 정보 설정]

페이스 북에는 내 이름을 페이스북에서 검색해도 나를 찾지 못하게 할 수 있는 기능이 있어요. . 이 방법은, 친구
가 아닌 사람들은 내 프로필 페이지도 찾지 못하게 하는거죠. 설정 목록 중 'Facebook에서 나를 검색'에서 지정하
면 되는데요. 친구 목록도 공개 범위를 ▲비공개 ▲친구만 ▲친구의 친구 ▲모든 사람 ▲특정인물에게 보이기를 지
정할 수 있고, 원하지 않는 사람은 보지 못하게 막을 수도 있답니다. 이제서야 안심하는 부장님. ^^

친구 맺고 대화를 해봐야 페이스북이 이거구나~ 하지요!

회원가입도 마치고 개인정보 입력도 꼼꼼히 마친 윤부장님. 벌써부터 지친 기색이 역력합니다. 이를 본 이과장은 속으로 고소한 웃음을 짓는군요. 그래서일까요? 페이스북 강의에 더욱 열을 올리는 이과장입니다!

> "부장님 어디가세요? 이제는 친구를 맺고 대화 해보셔야죠?"

페이스북에서 친구는 트위터에서 팔로우와 같은 개념이라고 생각하시면 됩니다. 친구가 되어야 서로 대화도 할 수 있고, 친구가 올린 글도 볼 수 있죠. 하지만 트위터와 다른 점은, 페이스북의 경우 내가 친구를 추가한다고 해서 바로 친구가 되는 것은 아닙니다. **상대방이 친구 승인을 해줘야 하는 단계가 더 존재하죠.**

위에서 보시는 것 처럼 이과장 옆에 있는 '친구로 추가' 버튼을 과감히 클릭해주세요. 클릭을 많이 하는 것이 페이스북과 가까워지는 지름길입니다. ^^

이를 들을 윤부장님, 멋진 한 말씀 하시는군요.

> **"치사하게 시리~"**

하지만, 트위터의 일방적인 관계 보다는 상대방을 어느 정도 이해한 후에(즉 정보를 확인한 후에) 친구관계가 맺어지는 단계가 있어서 페이스북에서 커뮤니티 형성이 더욱 활발한 면을 보이기도 합니다.

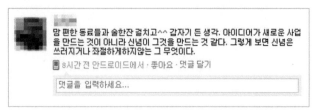

자, 이제는 친구들과 대화를 할 시간입니다. '대화는 어떻게 하느냐구요?' 그리 어렵지 않습니다. 위와 같이 친구가 올린 게시물의 '좋아요'를 클릭해서 선호를 표시하거나, 댓글을 다는 방식으로 대화하면 되니까요. 가끔은 친구의 담벼락에 가서 안부 인사를 남기는 것도 매우 좋은 방법이랍니다. ^^

'담벼락' vs '뉴스피드', 어떤 걸 쓰란 말이야?

"뭐야? '담벼락'하고 '뉴스피드' 내용이 똑같잖아?"

페이스북을 이제 막 시작하신 분들이 공통적으로 하는 질문을 역시나 윤부장님도 하십니다. 하지만 담벼락과 뉴스피드는 엄연히 다르다는 사실! 담벼락은 나만의 활동, 즉 내가 올린 게시물만 볼 수 있는 공간을 의미하며, 뉴스피드는 친구들의 게시물까지도 인기순과 최신순으로 볼 수 있는 공간이라는 것!

또한 뉴스피드는 홈 화면에서 확인할 수 있으며, 담벼락은 프로필 화면에서 확인할 수 있다는 것도 다른 점이라고 할 수 있겠네요.

<홈 화면의 뉴스피드(좌)와 프로필 화면의 담벼락(우)>

위와 같이 질문을 하시는 분이 있다면, 이렇게 답해주세요.

"당연하죠, 아직 친구가 한 명도 없잖아요..—,.—"

어라, 혼자 이야기 하는거야? '친구' 만드는 방법!

페이스북 계정을 만들기는 했는데, 아무것도 없는 담벼락을 보니 부장님의 마음도 쓸쓸해집니다. 허무한 표정을 짓는 윤부장님께 이과장이 한 가지 팁을 알려주네요. 바로 친구 추천 기능인 '알 수도 있는 사람' 입니다.

페이스북의 로직에 의해서 자신과 맞은 친구를 소개시켜주는 기능인데요. 어떤 때는 여성분들이 많은 경우도 있고, 어떤 때는 직장인 분들이 많은 경우도 있어서 다양한 친구를 만드는데 큰 도움이 된답니다.

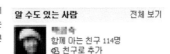

어디 있는지 안보이신다구요? '홈' 화면에서 우측으로 시선을 돌리면 두 개의 사진과 함께 '알 수도 있는 사람' 기능을 확인할 수 있답니다.

전체보기를 클릭해볼까요?

자, 이제는 사진 아래에 보이는 '**친구로 추가**'를 눌러 나의 친구 리스트를 만들어볼 차례입니다.

하지만 잊지 말아주세요.
많은 수의 친구를 만드는 것도 좋지만, 그보다 중요한 것은
'현재 있는 친구들과 얼마나 친근한 관계를 만드느냐' 입니다.

어플리케이션의 세계에 빠져 봅시다!

"스마트폰에만 어플리케이션이 있는 거 아니야? 그것쯤은 나도 안다고"

부장님의 자랑질(?)이 다시 발동됩니다. 하지만 어플리케이션이 페이스북에도 있다는 사실은 아직 모르시나 보군요. 페이스북의 어플은 현재 약 50만개 이상이 개발되어 있다고 하는데요, 그 종류도 매우 다양합니다. 말로 해서는 안되고 직접 들어가보는 것이 제일 좋은 방법!

우선 여기로 들어가주세요 http://www.facebook.com/apps

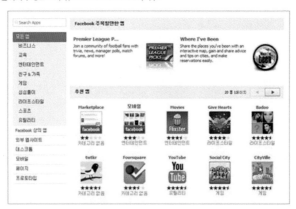

비즈니스, 교육, 엔터테인먼트 등 카테고리별로 어플리케이션이 소개 되고 있는데요. 어떤 어플리케이션이 좋은지는 알아보는 방법은 직접 사용해보는 것이랍니다.
(한가지 팁을 드리면 어플리케이션 정렬이 인기도와 최신, 두 가지로 되는데 인기도순(별이 많은 것)으로 살펴봐도 좋을 듯 해요)

클릭 한 번 잘못했다 외면당하는 '스팸'

이제 본격적으로 페이스북의 세계에 빠져들려고 하는 김부장님. 담벼락에 글을 적으려는 찰나! 친구도 별로 없는데 벌써 관심을 가져주는 분들이 있나봅니다. 그것도 외국권에서 말이죠.

In order to PREVENT SPAM, I ask that you VERIFY YOUR ACCOUNT. Click VERIFY MY ACCOUNT right next to comment below to start the process...

CHAT DE AMIGOS
Aplicacion para encontrarte y chatear con amigos !

<텍스트 형태로 다가오는 스팸 유형(상단)과 앱의 형태라 다가오는 스팸 유형(하단)>

'자, 페이스북을 하려면 이런 것들은 확인을 자주 해야하나 보구나' 라는 생각에 밑의 '승인'을 눌러버린다면? 자신도 모르는 사이에 스패머가 되는 지름길이라는 사실을 주의하셔야 해요.
대부분의 스팸이 위와 같이 인증 또는 정보 제공 등을 미끼로 '승인' 버튼을 누르게 하는데요. 이를 누를 경우 등록되어 있는 친구들의 담벼락에 같은 내용의 글이 도배가 되어 버린다는 사실!

위의 공식적인 메시지의 경우에는 담벼락이 아닌 페이스북 사이트나 블로그를 통해 공지가 되니 절대 누르셔서는 안됩니다. 이와 함께 위와 같은 스팸을 봤을 경우에는 X(삭제) 버튼을 눌러 삭제하거나, 앱 사이트로 들어가 차단할 수도 있답니다.

이과장의 불타는 페이스북 강의에 어느 정도 이해를 하게 되신 윤부장님. 이과장을 향해 엄지를 치켜세워줍니다. 페이스북까지 개설하고 '소통'의 중요성에 대해 다시 한 번 강조하시는 부장님. 너무 귀엽지 않나요? ^^

SNS 안한다는 직장인에게 그 이유 물어보니

40대 부장님의 자화자찬 SNS 종결기!

여러분은 SNS 얼마나 사용하세요?

안녕하세요. SNS 천재 윤부장 입니다. 저 나름 유명인인데, 아직도 저를 모르시는 분이 있다고는 생각하지 않도록 하겠음묘!! (이과장의 딴지 : 트위터에서 익힌 문장을 깨알같이 사용하는 부장님, 대단하십니다 ^^;) 그래도, 혹시 모르니 저를 잠깐 소개하자면, 아래와 같습니다. 너무 놀라지는 마시길~

귀신들린 폰이라며 타도 스마트폰을 외쳤던 윤부장은 누구랍니까? (40대 부장님의 스마트폰편)
말을 해도 대답이 없다고 트위터 앞에서 울던 트위터 윤부장은 제가 아닙니다. (40대 부장님의 트위터편)
페이스북 앞에서 무릎 꿇어야 했던 윤부장은 출장갔답니다. (40대 부장님의 '페이스북' 편 참고)

땡~동! 이제 여러분 앞에는 자청타칭 'SNS 천재가 된 윤부장'만이 있을 뿐입니다!

과거를 생각하면 SNS도 일이다 싶어 부담되고 정도 안 갔는데, 이제 친구들 사이에서는 그야말로 얼리 어답터이자 열혈 SNS 신봉자가 됐네요. 주변 사람 모두 트위터, 페이스북에서 모르는 게 생기면 제게 가르침을 구할 정도, 가뿐하죠 뭐~!

그런데, 정말 궁금해집니다. 파워블로거다, 파워트리터리안이다 하는데 과연 저는 어느 정도 실력을 쌓았는지 객관적으로 판단하고 싶어지는군요. (이과장의 딴지 : 물론 부장님 보다 못한 사람이 많을 거라는 기본 전제 하에...) 스마트폰, 트위터, 페이스북까지, '소셜 리더'로서(엣헴) 과연 다른 사람들은 얼마나 SNS를 이용하고 있는지, 그리고 나의 위치는 어느 정도인지 확인하기 위해 그래서 한화 임직원 300명에게 SNS 관련 설문을 진행했습니다.

여러분도 한 번 확인해보시는 것도 좋을 듯 합니다. 물론 공짜입니다. ㅎ

10명 중 8명은 SNS 사용자! 페이스 북이 대세

첫번째 질문, SNS를 사용하느냐?

흠, 물론! 요즘이야 SNS 마케팅, SNS 활용법 SNS가 산재해있으니 시대의 흐름을 거슬을 순 없지요. 답한 사람 중에 <u>10명에 8명은 SNS를 사용하고 있다</u>는데, 미리 안 배워뒀으면 한참 뒤쳐질 뻔 했네. 휴~

사용하고 있지 않은 22%도 적극적으로 SNS를 배우고 싶다고? 그럼 나를 찾아와요~! SNS의 A부터 Z까지 모조리 전수해줄게요~ 팔로팔로 미~

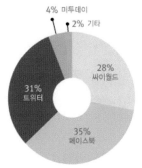

두번째, 주로 사용하는 SNS는?

흠, 요즘은 정부장, 최부장과 함께 페이스북에 푹 빠져 있어요. 요즘은 페이스북이 대세죠. ㅋ 설문 결과를 보니, 페이스북이 35%로 1위네요. 물론 트위터, 싸이월드도 높은 인기를 차지 하고 있어요.

뭐 기타 의견 중에 카톡도 눈에 확~ 띄네요. 스마트폰 필수 어플리케이션인 이 카카오톡을 설치하고 나서 요즘은 사춘기 딸과도 자주 연락을 하니까, 내가 아끼는 어플입니다. ^^

SNS 찬성론자, 친목 다지고 정보도 얻고

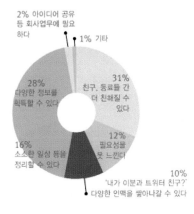

세번째 질문은 SNS 하는 목적은?

내가 처음 SNS를 사용하게 됐을 때가 생각나네요. 뭐 사무실에서 손바닥만한 핸드폰을 그렇게 들여다 봐싸는지 아주 뵈기가 싫더라구. 그래서 내가 짜증도 많이 냈었더랬지요. 다들 서로들 웃고 얘기들도 모두 스마트폰이니 트위터니 얘기를 하는데 당체 외롭더라구요. 그래서 시작한거죠. <u>나는 친구 동료들간에 친해지고 싶다 하는 마음이 먼저였어요.</u> 뭐 보기항들이 모두 공감이 가네요.

2위를 한 친목도모를 통해 삶의 정보를 획득할 수도 있다는 것도 맞지요. 다른 사람들의 경우에는 소소한 일상을 정리하고 다양한 인맥을 형성하는 등 SNS를 기능적으로 잘 활용하는 친구들도 참 많은 것 같아요.

'필요성을 못 느끼고 남들이 하니까 따라한다'라는 답을 한 친구도 12%나 되네요. 아 이친구들 아직 SNS를 모르는 옛날 윤부장같은 생각을 가지고 있군요. 한번 만나봐야 겠어요.

SNS 반대론자, 할 줄도 모르고 하기도 겁나요.

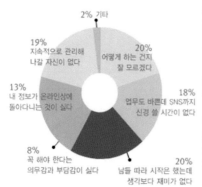

- 2% 기타
- 19% 지속적으로 관리해 나갈 자신이 없다
- 20% 어떻게 하는 건지 잘 모르겠다
- 18% 업무도 바쁜데 SNS까지 신경 쓸 시간이 없다
- 13% 내 정보가 온라인상에 돌아다니는 것이 싫다
- 8% 꼭 해야 한다는 의무감과 부담감이 싫다
- 20% 남들 따라 시작은 했는데 생각보다 재미가 없다

SNS을 하지 않는다고 답한 박과장, 한번 말을 해봐요. 지탄하려고 하는 것이 아니라 내가 안타까워서 그래~

'어떻게 하는 지 몰라서 못했다?'

예구구 그랬구먼. 나를 찾아오지 그랬어~ 젊은이가 배움에 그렇게 겁을 내서야 쓰나.

뭐 또 이유가 있어? 남들 따라 시작했는데 생각보다 재미가 없다구? 흠~ '재미'가 없으면 하기 어렵지. 나도 처음부터 재밌진 않았어. 차곡차곡 친구도 생기고 하니까 재미어 지더라구.

오, 할 말은 다 하는 신입사원 이군. 말해보게. 지속적으로 관리해 나갈 자신도 없고 업무도 바쁜데 SNS를 신경 쓸 시간이 없다. SNS 관리를 위한 시간을 달라구? 허허.

당돌하구만. SNS에 대한 부가적인 노력을 들이는 것이 그리 부담이 되고 불편한가. 무슨 일을 해내려면 응당의 노력이 필요해. 강제는 아니지만 SNS로 많은 것을 얻고 있는 나로서는 SNS를 경험해보면 좋겠다라는 생각이 드는군.

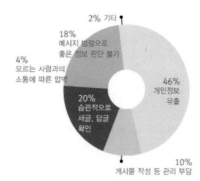

- 2% 기타
- 18% 메시지 범람으로 좋은 정보 판단 불가
- 4% 모르는 사람과의 소통에 따른 압박
- 20% 습관적으로 새글, 답글 확인
- 46% 개인정보 유출
- 10% 게시물 작성 등 관리 부담

SNS 부작용은?

개인정보 유출이 절반이나 차지했군. 그 점에는 나조 동감해. 나도 모르는 새 내 개인신상 정보가 유출되어 내가 모르는 사람도 나에 대해 훤히~아는 척을 하는 상황. 정말 달갑지 않아.

나도 살짝 중증이긴 한데, 습관적으로 새글 답글을 확인하는 SNS 중독, 메시지 범람으로 좋은 정보 판단이 불가하는 부작용에 일상 생활에 방해가 된다는 이과장 말이 이해가 가는 구료. 하지만 단점만큼 장점도 많다는 것을 내가 확신하니, 우리 SNS로 만나자구요.

남들 하니까 하는 SNS 아닌 나만의 SNS 스타일이 필요해요!

가상으로 40대 윤부장님과 이과장과의 이야기를 꾸며봤는데요, SNS 얼마나 적응하고 있냐는 질문에 대다수가 흐름에 맞추고 있다. 평균은 되는 것 같다고 답했어요. SNS 남이 하니까, 남들 하는 만큼 시늉만 하지 말고, 그 득과 실을 직접 경험해보고 스스로의 가치를 창조할 수 있었으면 좋겠어요.

그럼 개성넘치는 SNS에 대한 저마다의 정의를 마지막으로 글을 마치겠습니다.

여러분이 생각하는 SNS란 무엇인가요?

SNS는 (   )다.

SNS는 (또 다른 나)이다.
나를 모르는 사람들도 SNS를 통해 나를 더욱 잘 알 수 있다.

SNS는 (사람 앤드 사람)이다.
사람(S)과 사람(S) 사이를 이어주는(AND) 통로이다.

SNS는 (내 신문고)이다.
언제 어디서든 하고 싶은 말을 마음껏 할 수 있다. 시원하게~

SNS는 (인맥의 바다)다.
더 많은 사람과 공유할 수 있는 공간이 확보되는 무한한 바다다.

SNS는 (판매왕)이다.
인적 네트워크를 잘 활용하여 정보를 얻을 수 있고, 정보를 통해 영업을 향상시킬 수 있기 때문이다.

SNS 천재가 된 홍 대리

초판 1쇄 발행 2011년 11월 21일
초판 9쇄 발행 2024년 1월 18일

지은이 장경아, 엉뚱상상
펴낸이 김선식

부사장 김은영
콘텐츠사업본부장 임보윤
콘텐츠사업1팀장 한다혜 **콘텐츠사업1팀** 윤유정, 성기병, 문주연, 조은서
마케팅본부장 권장규 **마케팅2팀** 이고은, 배한진, 양지환 **채널2팀** 권오권
미디어홍보본부장 정명찬 **브랜드관리팀** 안지혜, 오수미 김은지, 이소영
뉴미디어팀 김민정, 이지은, 홍수경, 서가을, 문윤정, 이예주
크리에이티브팀 임유나, 박지수, 변승주, 김화정, 장세진, 박장미, 박주현
지식교양팀 이수인, 염아라, 석찬미, 김혜원, 백지은
편집관리팀 조세현, 백설희 **저작권팀** 한승빈, 이슬, 윤제희
재무관리팀 하미선, 윤이경, 김재경, 이보람, 임혜정
인사총무팀 강미숙, 지석배, 김혜진, 황종원
제작관리팀 이소현, 김소영, 김진경, 최완규, 이지우, 박예찬
물류관리팀 김형기, 김선민, 주정훈, 김선진, 한유현, 전태연, 양문현, 이민운
외부스태프 스토리텔링 구성 인현진, 일러스트 삼식이

펴낸곳 다산북스 **출판등록** 2005년 12월 23일 제313-2005-00277호
주소 경기도 파주시 회동길 490
전화 02-702-1724 **팩스** 02-703-2219 **이메일** dasanbooks@dasanbooks.com
홈페이지 www.dasan.group **블로그** blog.naver.com/dasan_books
종이 (주)한솔피앤에스 **출력·인쇄** (주)북토리

ISBN 978-89-6370-709-9 (03320)